Vanesa Martinez Peña

Mitos Sexuales. ¿Quién lo dijo..., acaso nadie...?

Vanesa Martinez Peña

Mitos Sexuales. ¿Quién lo dijo..., acaso nadie...?

Hacia un empoderamiento sexual para ser siendo libres y responsables

JustFiction Edition

Imprint

Cover image: www.ingimage.com

Publisher:
JustFiction! Edition
is a trademark of
International Book Market Service Ltd., member of OmniScriptum Publishing Group
17 Meldrum Street, Beau Bassin 71504, Mauritius

Printed at: see last page
ISBN: 978-620-0-11246-0

A mi inspirador y mentor…

A mis referentes…

A mis familias (a Joaco)…

A la vida…

"¿Quién eres?... ¿Qué has querido de verdad?... ¿Qué has sabido de verdad?... ¿A qué has sido fiel o infiel?... ¿Con qué y con quién te has comportado con valentía o con cobardía?... Uno responde como puede, diciendo la verdad o mintiendo: eso no importa. Lo que sí importa es que uno al final responde con su vida entera".

"El último encuentro". Sandor Marai

INDICE

A los inquietos...

"Mitos sexuales..." se dirige a toda la poblacion: adulta y, por què no, adolescente; etapa en la cual aparece cierta incertidumbre en torno a la sexualidad, preguntas muchas veces sin respuestas o lo que es peor con respuestas equivocadas. Por lo tanto, como persona y agente de salud, considero que la educacion sexual debe acompañarnos desde los inicios; ya que la sexualidad està presente incluso antes del nacimiento, para poder lograr asì una vida sexual plena y saludable. Ademàs siendo concientes de que el bienestar sexual forma parte de la salud del individuo.

El propòsito de este libro es desterrar ideas erròneas que se pueden llegar a tener acerca de la sexualidad humana, responder a determinadas interrogantes y acrecentar el conocimiento y por ende el empoderamiento en materia sexual; teniendo en cuenta que no hay que dar nada por sentado, sin perder de vista el interès del lector.

Un mito es un texto de origen oral, sus detalles van cambiando en el trayecto de su transmisión, dando lugar a distintas versiones. Los mismos son narraciones esenciales, en tanto que responden a preguntas básicas. Los sucesos mencionados en el mito explican de manera irracional los acontecimientos que se repiten habitualmente, definen y justifican por qué una situación es de una forma establecida y no de otra. Son la base de determinadas estructuras sociales, y del accionar. Son parte de un entramado complejo. Los Mitos son relatos tradicionales, creencias que se consideran verdaderas; que tienen lugar en relaciòn a la sexualidad, probablemente por la intimidad, el misterio y la imaginacion que giran alrededor de la misma.

Si con este libro logro producir algun conocimiento, la dedicacion habrà valido la pena y de esa forma yo me sentirè recompensada.

INTRODUCCION

La Sexología es una disciplina humanística y científica que aborda los problemas relacionados con el sexo y la sexualidad desde la dimensión bio-psico-social-espiritual y cultural, tanto en sus aspectos no disfuncionales, disfuncionales y patológicos.

La Educación sexual es el transcurso formativo intencional, por el que el individuo obtiene los valores y conocimientos que lo capacitan para elegir entre los comportamientos sexuales, que le permitan lograr un proceso personal y social armónico en lo afectivo, placentero y reproductivo, con responsabilidad y libertad.

Objetivos:

- Integrar la sexualidad como algo natural, de acuerdo a la verdadera dimensión de la misma.
- Fomentar, promover y facilitar el disfrute sexual.
- Contribuir a la paternidad responsable.
- Educar a los padres.
- Brindar comprensión sobre los problemas sexuales.
- Combatir la ignorancia, y liberar de miedos y ansiedades a la persona.
- Corregir los errores de una educación distorsionada.
- Preparar al niño y al adolescente para la vida sexual, proporcionar conocimiento adecuado acerca de sus procesos de maduración física, mental y emocional en el contexto sexual.
- Educar para el amor.
- Lograr el respeto, la comprensión y la aceptación por la relaciones.
- Estimular la creatividad.
- Demostrar que es preciso contar con valores morales que faciliten bases racionales para la toma de desiciones.
- Impartir conocimientos acerca de los usos del sexo incorrectos para que el individuo pueda protegerse de ser usado y lesionado (fisica y psicologicamente).
- Incitar a trabajar por la construccion de una sociedad libre de males, como las leyes sexuales arcaicas y la explotacion sexual.

¿Què es y para què sirve la educacion sexual en la niñez y la adolescencia?

- Comprender el proceso de crecimiento, el desarrollo de la sexulalidad y el cuidado de la salud.
- Aprender a conocer el propio cuerpo.
- Reconocer cuando sus lìmites personales estan siendo vulnerados.
- Reforzar comportamientos de buen trato y no discriminizacion al propio cuerpo y al cuerpo del compañero/a. Aprender actitudes responsables relacionadas a la sexualidad.
- Aprender sobre emociones y ayudarlos a expresarlas, brindandoles un lugar oportuno para hacerlo.
- Decidir con libertad y responssabilidad sobre el comienzo de su actividad sexual.
- Tener conocimientos para evitar embarazos no deseados y cuidarse de enfermedades de transmision sexual.
- Saber los derechos a seguir estudiando de las adolescentes embarazadas.
- Respetar la diversidad sexual y de gènero.
- Generar un pensamiento crìtico sobre los mensajes cotidianos que reciben sobre la sexualidad (medios de comunicación, redes sexuales, etc.).
- Saber a quièn y a dònde acudir en caso de violencia sexual.

El acceso a informacion para el cuidado de la Salud Sexual y Reproductiva es un Derecho Humano. El Estado y las Instituciones tienen que garantizarlo.

MITOS SEXUALES

1- Sexualidad

La sexualidad humana es un sistema de comportamientos del individuo, de fuente instintivo-biologica e instintivo-psicologica, que se descarga en el placer (compartido o no) con una finalidad bilogica reproductiva y una finalidad psicosocial de comunicación y comuniòn interhumana a traves de la relacion sexual o sus sustitutos, y esta condicionada en su expresiòn por las pautas culturales (aceptadas y asumidas) vigentes en la comunidad que integra.

Los valores, los sistemas represivos sexuales (soportados, defendidos y perpetuados), la religión, la moral, los condicionamientos filosóficos, políticos, económicos y los esquema referenciales ideológicos influyen sobre la expresión de la sexualidad.

Formamos parte del desarrollo psicosexual magistralmente estudiado y demostrado por el Psicoanàlisis. La descarga en el placer contempla las variadas formas de expresion de la sexualidad.

La reproducciòn esta siempre presente en el concepto de sexualidad, pues la exclusiòn de su posibilidad a travès de mètodos anticonceptivos no esta màs que aseverando su presencia por su anulaciòn activa.

Nuestro concepto rescata la indudable utilidad de la educación sexual a nivel social y la consideración del partner en las expresiones de la sexualidad.

"La sexualidad es un instinto, no se aprende". Cuando hablamos de instinto, hablamos de instinto animal; el cual se caracteriza por ser biológico, heredado, rígido e inmutable. En contraposición encontramos a la sexualidad humana, la cual vendría a ser un comportamiento adquirido; que si bien tiene una base biológica, instintiva; se manifiesta de acuerdo a la normalidad y desarrollo psicosexuales, y a las medidas socioculturales de la época y el lugar en donde vivimos. Por lo tanto es cambiante, modificable y flexible. El sexo no es algo práctico ni simple, como se cree muchas veces. Tampoco alcanza con "tener calle" para contar con un saber sexual adecuado. Está el prejuicio errado de la sexualidad-instinto, principio de la represión sexual y de equivocaciones en la conducta del varón y la mujer, y en la pareja.

"La circuncisión afecta la sexualidad". Obviamente la circuncisión afecta la forma en que el varón siente placer durante la actividad sexual. Lo que hay que aclarar es que no hay una disminución del placer, sino un cambio en cómo se siente, que, la mayoría de los que se operan de adultos, descubre como positivo. La mayor parte de los no-circuncidados tienen una gran sensibilidad en el glande, ya que permanece la mayoría del tiempo cubierto y húmedo. Al tener una erección y descubrir el glande, muchos varones sienten una excesiva sensibilidad asociada al dolor. Dicha operación es sencilla; son bajos los índices de complicaciones en la intervención, mientras que son muy altos los beneficios.

2- Amor

"...y en la calle codo a codo somos mucho más que dos". M. Benedetti

Nuestra definición de amor:

El amor adulto se inscribe y reconoce en el campo fenoménico como una situación vivida entre dos personas impulsadas por la necesidad básica de comunicación y trascendencia en la cual se integran los componentes de amistad, admiración y sexualidad adulta, y que conformando una unidad bipolar adulta y fecunda lleva a la realización de los proyectos personales de las mismas en el ámbito de un proyecto común armónico, complementario y enriquecedor; nunca anulador del otro.

La capacidad de amar se consolida junto con la definición de la identidad que marca el final de la adolescencia y el comienzo de la adultez. Se requiere madurez y salud mental para amar y compartir la intimidad con el otro.

La educación sexual debe contemplar la educación para el amor y capacitar al individuo para la construcción de una pareja armónica. La capacidad de amar no se logra como un destino, puede verse alterada y hay gente incapaz de amar, como también hay patologías del amor.
Amor sano = Libertad-Responsabilidad: logro alcanzado gracias a la evolución cultural y al progreso espiritual personal. El amor no se puede describir con palabras, solo vivenciar.

Amor-Emoción: el objeto idealizado (embellecido, fascinante, exaltante) previamente elaborado; ej. un "amor imposible". Cambios frecuentes de pareja aunque "siempre se enamora para toda la vida". Los contactos reales frustran por diferencia entre imagen real e idealizada. Normal en la adolescencia. Ser-para-el-Otro. Objeto del otro, masoquismo, dejar de Ser-para-sí. Obsesión. El enamoramiento es tuerto. Amor romántico. Cuando se dice que el romanticismo hace estragos en la estabilidad conyugal, se tiende a pensar que quienes lo hacen son fríos, indiferentes y desamorados pero finalmente tienen razón, ya que el romanticismo hace hincapié en el afecto dejando de lado gran parte de la realidad. El corazón tiene razones que la razón debe comprender.

Muchos divorcios se deben a casamientos entre enamorados que no han llegado al amor, matrimonios inmaduros. Ya que cuanto más desconocido se lo puede idealizar mejor. El "amor a primera vista" se explica por una sustancia llamada Feniletilamina.

Cuando nos enamoramos el cerebro genera sustancias que provocan sensación de bienestar. Las consecuencias son parecidas a las de una droga muy adictiva, producen vínculos fuertes en nuestra mente entre el placer y el objeto de nuestro deseo. Se producen endorfinas: "hormonas de la felicidad", aumentan la energía y reducen el dolor por la anestesia. La adrenalina es la responsable del nerviosismo al ver a la persona que nos atrae, hace que el corazón lata con mayor frecuencia produciendo intensas emociones. La serotonina es la responsable del bienestar, del optimismo, del buen humor y la sociabilidad. Luego la dopamina se relaciona con la búsqueda de placer, dicha sustancia aumenta haciendo que la persona se sienta enérgica y eufórica. También el contacto con la persona deseada produce un gran deseo de permanecer con ella. Esto genera que existan conductas semejantes a comportamientos obsesivos. Finalmente la oxitocina: "sustancia del apego", se libera cuando damos una caricia, un abrazo o en el orgasmo. A mayor niveles de oxitocina, más unida se siente la persona al otro.

<u>Amor situación:</u> objeto real y válido para continuar con una experiencia amorosa. Tolerancia a la frustración. Correspondencia. Comunicación y diálogo. Vínculo existencial. Madurez psicológica. Amor como situación de dar y recibir, empobrece o aumenta la autoestima. Autoestima y amor propio para poder amar. Ser-con-el-Otro; ser parte del tu pero conservando individualidad, integridad y manera de ser. Amor establecido, ve plenamente. "En el amor se realiza la paradoja de que dos se hagan uno y, no obstante, sigan siendo dos". Erich Fromm (1963). El Arte de amar.

El verdadero amor, pleno, no egoísta, enriquece interiormente al otro.

El amor adulto, generalmente, se alcanza en el proceso del noviazgo, donde se des idealiza al otro. Si esto no se produce, si al "flechazo" le sigue la formalización, el

pronóstico de esta pareja es malo; no se conocen. Y la des idealización se produce tarde o no se produce por miedo a descubrir una verdad negada al principio. Conocimiento, confianza, respeto e imperfección. Integración. Plasticidad. Tolerancia. Capacidad reparadora. Capacidad de elaborar duelos adecuadamente. Asumir las diferencias. Descubrir cualidades. Deseo. Esperanza. Descubrimiento o confirmación de los valores y cualidades del Otro. Identificación. Encuentro. Experiencia vital gratificante, conciliadora e integradora. Potenciado/a por el otro.
El amor situación es dinámico, se empobrece y enriquece, sucesiva o paralelamente en diferentes planos, a través de procesos vividos a nivel psicológico, corporal y social. El devenir histórico, con las nuevas realidades que se imponen a la situación, los cambios, la edad, peripecias vitales, etc. de la pareja o la persona pueden determinar la continuación y desarrollo o el estancamiento y la desaparición del amor. Es único e irreproducible para cada pareja. El hombre nace inacabado, es-siendo, tiene necesidad del otro; nadie se hace a sí mismo en soledad. El amor es una fuerza, una necesidad de llenar nuestra vida de algo básico que le falta.

Según Hendrik hay 6 categorías de amor: 1- amor romántico, apasionado. 2- amor familiar, de amistad prolongada. 3- amor de cuidado y entrega. 4- amor racional. 5- amor posesivo, dependiente. 6- amor manipulador.

La dependencia (similar al enamoramiento) puede llegar a ser patológica, más aun si existe una predisposición psicológica. La "falta" presente en todo amor es "superada" por una incapacidad de reparar y de integrar. Justifica. En el varón, por la prevalencia del machismo sociocultural, se tolera menos la dependencia y el engaño.

La adicción afectiva generalmente es prolongada, el otro no le corresponde, no le conviene. Es inadecuada y le causa grandes perjuicios. Parejas destructivas. La experiencia altera profundamente sus vidas. Irracional, en contra de su razón y sus valores habituales; tampoco comprenden lo que les está ocurriendo, capaces de hacer cualquier cosa para continuar con el vínculo. Amor patológico capaz de causar grandes pérdidas, honores desintegrados, vidas destrozadas, suicidios.

Francois Mouriac: "el amor es el descubrimiento de lo desconocido y oculto para los demás".

3- Pareja

Según el diccionario comunicar es "hacer partícipe a otro de lo que uno tiene, hacer saber a otro de una cosa, consultar, conversar, tratar, unir cosas". La comunicación es compleja. La comunicación humana no implica únicamente a un emisor y a un receptor; es un suceso creativo, una negociación entre individuos. No quiere decir que el otro exactamente comprenda lo que uno dice o hace, sino que él además aporte con su parte y los dos se modifiquen con el acto. Cuando ambos se comunican verdaderamente crean un sistema de interacción bien integrado.

El hombre tiene muchas maneras de permanecer en contacto: palabras, letras, música, pintura, susurros, gritos, señas, posturas, vestimenta; cualquier movimiento, cualquier sonido que pueda llegar a ser captado por un otro.

La comunicación humana puede ser clara o defectuosa, silenciosa o ruidosa; es la manera de acercamiento humano primario, una manifestación de identidad y una demanda de reconocimiento.

Para la comunicación real, no alcanzan las formalidades; en la misma se manejan "claves" comunes de identidad que solamente el otro puede reconocer, comprender, así nos declaramos y entramos en el campo del otro y al revés.

En los primeros encuentros, lo que prevalece es la cautela. Luego del conocimiento reciproco comienza la comunicación real.

La comunicación verbal es muy importante porque a través del lenguaje se realiza lo más significativo del intercambio, del encuentro, del dialogo. Aunque la gran mayoría de los mensajes emitidos no son verbales.

En esta oportunidad, cabe mencionar que el monologo sirve a los fines del poder y el dialogo a los de la comunidad; basándose en el respeto igualitario.

El lenguaje sexual hace uso de todos los medios de comunicación (verbal y no verbal).

En un encuentro de dos, en realidad interaccionan seis: la persona que uno es, la que uno cree que es, y la que el otro cree que uno es; uno se enfrenta con las tres correspondientes de la otra persona, y así surgen nuevas formas de comunicación.

Para hablar de comunicación sexual, tenemos que detenernos en el problema de la comunicación no verbal, de lo cual no existe mucha información. El lenguaje de los sentidos: el tacto, la audición, mirada, el gusto y el olfato tienen un significado sexual. También ocupan un lugar importante los movimientos del cuerpo, la sincronía interaccional rítmica; características físicas de la comunicación.

Con respecto a la pareja, al matrimonio; existen personas que se casaron una sola vez y hace muchísimos años que están casadas.

Pero para eso es importante que las crisis vitales: climaterio femenino y masculino, mediana edad hayan sido resueltas exitosamente. Que los proyectos existenciales se hayan logrado. Que la convivencia con hijos y nietos, las crisis de la jubilación, las limitaciones relacionadas a la edad y las enfermedades sean bien llevadas. Pero fundamentalmente la permanencia de una comunicación negociadora, ya que la prolongada convivencia crea situaciones nuevas y cambiantes, aseguraría en el adulto mayor la sobrevivencia del amor.

Es cuestión de descubrir el modo adecuado para la convivencia de acuerdo a las características y a los intereses de cada uno para evitar así el aburrimiento con el paso de los años.

Según algunos autores hay diferentes tipos de parejas añosas: dependientes, defensivas, disociadas, simbióticas, integradas y románticas; algunas encontraron la mutua independencia y la dinámica renegociación realista de la vida, integrando las tres dimensiones del tiempo: pasado rico, presente disfrutable y futuro colmado de sentido.

El amor en este tipo de parejas adquiere formas varias: más cariñosa, más amistosa, más sexual, más refinada, más espaciada, más profunda, etc. Pero sobre todo este amor es realista, acepta al otro tal como este (física y psicológicamente). Pero mientras que algunas parejas envejecen juntas; otras conviven en un infierno, con separaciones y divorcios; bajo diferente o mismo techo.

Una crisis frecuente en el matrimonio es la generada por el llamado “nido vacio”, sucede cuando los hijos se van de la casa, casados, en pareja o para independizarse. Los conflictos se desenlazan ya que no estan los hijos para retrasar los conflictos conyugales. Cabe mencionar que muchos matrimonios los soluciona en su momento o ya los tiene resueltos de manera anticipada.

Actualmente vemos la situacion del “nido relleno”, cuando los hijos divorciados, separados y/o incapaces de costear su independencia, regresan al hogar de origen, que ya se reconstruyo para procesar el alejamiento de los hijos y ahora tiene que reformarse, edilicia y economicamente.

Frecuentemente se escucha a las parejas en la consulta sexológica describir con nostalgia los comienzos de la relación en donde fueron partícipes de la encanto que se generaba en los acercamientos íntimos. Acuden en busca de recuperar lo perdido, cuando todo era novedoso, cuando no tenían tantas actividades, cuando no tenían hijos. El pedido de ayuda básicamente es para mantener el vínculo.

Los seres humanos somos complejos y en la relación de pareja se relacionan varios aspectos que lo determinan. El rol que cada integrante de la pareja tiene dentro del hogar podría llegar a influenciar en lo que respecta a las fantasías. Es necesario tener en cuenta que el cerebro es el motor de la sexualidad y sus elaboraciones pueden impulsar o desactivar el encuentro sexual, como hacer que varíe la intensidad.

El espacio de la intimidad en el hogar es un lugar cada vez menos cuidado. El deseo como fase de la respuesta sexual es complejo. No hay fármacos relacionados directamente con el fin de estimular esta fase. Esto podría estar dando cuenta del descuido del deseo y su importancia dentro de la sexualidad, lo que nos lleva a buscar respuestas en la terapia sexual.

Con el transcurso del tiempo las costumbres de los lugares, de las prácticas, de las posturas, de las actitudes, de las respuestas del compañero/a y propias, del repertorio, hace preciso algunos cambios para mantener el deseo activo.

La rutina es una mala compañera.

Cuando la comunicación no es buena, el deseo sexual disminuye como para buscar una excusa que evite el contacto físico. Si la pareja tiene una buena comunicación correría con ventajas en el plano del deseo.

La salud también afecta el deseo. Existen enfermedades crónicas y fármacos como hábitos que disminuyen la libido de la persona. Como ser: alteraciones hormonales (hipogonadismo, hiperprolactinemia, distiroidismos), diabetes, depresión, ansiedad y fármacos (principalmente los antidepresivos), el alcoholismo, tabaquismo, sedentarismo.

El nivel de satisfacción sexual es una percepción subjetiva de cada integrante de la pareja, la frecuencia sexual no la garantiza. A menudo se confunde calidad con cantidad. Existe la creencia de un estándar esperado para una pareja de muchos años. Lo que demuestra la necesidad de satisfacer una demanda social más que individual o de pareja.

Con respecto a este tema, la pareja debe regularlo según su deseo. El deseo como un "deber" transforma a la sexualidad en un mandato y no en un encuentro con el goce. Por tal razón es importante que cada pareja acuerde aquello que le da placer, existen personas a las que el deseo los incita a una mayor frecuencia y lo gozan, y además están quienes requieren menor frecuencia para sentirse plenos. Es fundamental tener en cuenta que éste aspecto cambia con el transcurso de la vida.

En suma, planear y construir es esencial para aumentar el deseo, re descubrir lo que tenemos dormido y compartirlo con el otro. Tenemos que aprender a seducir descubriendo zonas erógenas olvidadas, erotizarnos y erotizar a nuestra pareja con imaginación. Preparar el encuentro sexual provocando los sentidos en desuso: temperaturas, texturas, aromas, etc. Reservar para el encuentro un tiempo preferencial.

"El sexo con una misma persona termina siendo aburrido siempre". Para que esto no suceda hay que evitar algunas cosas, como por ejemplo: la programación del acto sexual.

Es cierto que la convivencia y los años generan cambios en los integrantes de la pareja, pero no tienen por qué ser vistos como nocivos. Hay que aprovechar la confianza, la intimidad y la experiencia que se ha alcanzado con el otro. A su vez tener en cuenta, siempre, que la comunicación es fundamental. Y cuando hablo de comunicación me refiero a expresar los deseos, como los desacuerdos y desagrados.

También que, todo cambio que se planee realizar debe ser de común acuerdo para que sea positivo.

Además es muy importante la innovación, como ser:

Incorporar juguetes sexuales (vibradores)

Preservativos con sabor o de colores (la mujer se lo puede colocar al hombre, ya sea con sus manos o con su boca. El sexo oral será más placentero para ambos)

Sorprender, desde lo sencillo, desde lo diario para que permanezca el deseo; cambiar de sitio para hacer el amor.

Hay que ser creativo, animarse, proponer.

Experimentar nuevas posiciones sexuales.

No fingir e interesarse por lo que el otro necesita.

Buscar la forma de erotizar al otro.

Tiene que haber un vínculo bueno para que haya una entrega mutua. Una relación sexual satisfactoria requiere tiempo.

"Para un buen sexo basta el amor". No es así, no alcanza el amor maduro para obtener el acuerdo sexual en la relación de pareja; como tampoco una salud bio-psico-social.
Además hay que agregar, ya que se ha comprobado, el conocimiento en materia sexual para conseguir la conquista sexual. El saber sexual es actualmente imprescindible, y tiene que estar incluido en la cultura general.

"El sexo tiene que ser racional". En el sexo también se puede improvisar. Disfrutar de lo que acontece, de la espontaneidad, dejándose llevar por los sentidos que estén a flor de piel; siempre que se tengan las precauciones y por lo tanto los cuidados necesarios.

4- Masturbación

"¿Masturbarse "mucho" es: varias veces al día, todos los días, todas las semanas?" En Sexología cuando hablamos de frecuencia sexual (ya sea de relaciones sexuales o de masturbación) consideramos que la misma depende de cada persona, de las necesidades y gustos de cada individuo, del contexto y las circunstancias; y en relación a esto cada individuo o cada pareja podrá establecer la frecuencia adecuada. Podemos llegar a hablar de autoerotismo patológico en caso de que el adulto lo elija antes que al coito, lo haga con determinada frecuencia y con imposibilidad de satisfacción sexual. En este caso, la persona podría estar teniendo conflictos que no puede controlar; pues este estaría siendo el problema y no la masturbación. El autoerotismo seria secundario al conflicto de fondo. Los excesos sexuales (como todos los excesos) pueden llegar a ser perjudiciales, tanto física como intelectualmente.

"La masturbación es signo de inmadurez". Esto tampoco es así. Si bien la masturbación es la conducta sexual más habitual del adolescente y en el hombre desciende su frecuencia hacia la edad adulta, el autoerotismo es considerado también por los adultos como una gratificación erótica inofensiva. Es una actividad común. La persona la puede realizar cuando no es posible la relación de pareja (ya sea por falta de disponibilidad o por no tener pareja) e incluso estando en pareja ya sea en soledad o en compañía de la misma. Cuando se reconoce dicha práctica como inmadura, se le suman componentes despectivos; los cuales rodean al tema popularmente.

"La masturbación da menos placer que el coito". Esto es relativo, depende de cada persona y de cada pareja. Muchas veces las mujeres alcanzan el orgasmo con la masturbación; mientras que no lo tienen (o les cuesta más alcanzarlo) mediante el coito, sobre todo si hay carencias de "juegos previos" o falta de estimulación del clítoris.

"La masturbación no ayuda a la mujer que no tiene orgasmos". La auto estimulación puede endulzar el futuro placer, y llegar a ser una escapatoria para la fantasía. Además brinda variedad, lo cual prospera la sexualidad. También ayuda a la mujer a alcanzar el orgasmo ya que con la auto estimulación ella conoce su cuerpo, su funcionamiento sexual y las cosas que le gustan para luego poder transmitírselas a su pareja sexual. Es más; se dice que la mujer que nunca se masturbó, generalmente, termina teniendo una disfunción sexual.

"Conocer el cuerpo y la zona genital no es importante". Sí es importante y se puede hacer de diferentes formas, ya sea a través de libros e imágenes, mirándose (la vulva con un espejo) o tocándose (utilizando cremas, bañándose con las luces apagadas, etc.).

"La mujeres no se masturban". La auto estimulación en la mujer es común, si bien son más los hombres que la practican y con mayor frecuencia ya que la sociedad es más tolerante con la auto estimulación masculina, con el correr de los años la práctica aumenta en las mujeres. Además no le hace mal a nadie, se realiza en privacidad, y no hay riesgo de infecciones de transmisión sexual.

La auto estimulación acrecienta la sensación de autonomía personal y sexual, y de libertad.

5- Eyaculación

En Sexología Clínica los trastornos eyaculatorios son muy comunes. La eyaculación precoz, junto a la disfunción eréctil, estuvo siempre en la mira.

Para diagnosticar la EP (eyaculación precoz) necesitamos saber de qué se trata la disfunción. Se decía que el varón era eyaculador precoz cuando, durante la penetración intravaginal, no puede controlar la eyaculación por un tiempo suficiente para satisfacer a su pareja.
Además se debería que tener en cuenta la capacidad de control y no el tiempo de demora. Igualmente siempre se discute acerca del tiempo de introducción intravaginal; actualmente le llamamos "tiempo de latencia de eyaculación intravaginal" (IELT). El uso de un reloj en la pareja parece ser una forma poco afortunada de controlar el tiempo, sobre todo por el erotismo y la ansiedad de ambos; más que nada por el supuesto eyaculador precoz.
En síntesis, los datos actuales dicen que la EP puede ser sencillamente definida; cuando se llega al clímax sin control y muy temprano, y el problema de la EP es la imposibilidad de control que provoca insatisfacción. Que se aguante entre uno o dos minutos de latencia intravaginal antes de eyacular parecería ser la clave para el diagnóstico de quienes piden evidencias cuantitativas para realizar el diagnóstico de EP. La conclusión, momentánea, es que el tiempo de latencia intravaginal no es importante para la clínica aunque si lo es aún para la investigación.

"A mayor cantidad de semen eyaculado mayor placer brindado, se es más hombre". Esta creencia está asociada a la pornografía. En este tipo de películas vemos que la cantidad de semen que se eyacula es más que en la vida real. Pero no hay que olvidar que esas personas que son tomadas como prototipo son actores participando en una ficción (material editado).

"La eyaculación precoz se cura sola y/o en pareja". La pareja del varón con eyaculación precoz (en caso de que la hubiese) lo puede ayudar e incluso es fundamental para trabajar desde la clínica dicha disfunción.

En los últimos años se han incrementado los consultorios para tratar las diferentes disfunciones sexuales (tanto en el varón como en la mujer) y la concurrencia de hombres ha ido aumentando. Cabe mencionar que tomar la decisión de concurrir a un profesional (Sexólogo, Terapeuta Sexual) no es fácil, muchas veces cuando la persona llega a la consulta ya ha visto otros profesionales y ya ha realizado diferentes tratamientos que no le han dado resultado.

Con ayuda profesional la superación a la eyaculación precoz es rápida, sencilla y fácil. Se trabaja, principalmente, acerca de la enseñanza para controlar los músculos pubococcigeos y la ansiedad del hombre. Si el varón está en pareja se mandan a realizar ejercicios en pareja, de esta forma la solución a dicha disfunción es más rápida.

"A la mujer no le importa si el varón es rápido". Hay hombres que dicen sufrir la pérdida de parejas por causa de la eyaculación precoz. No basta con una erección firme y mantenida.

La misma es la más frecuente de las disfunciones sexuales en los jóvenes, aunque puede ocurrir a cualquier edad.

En la EP intervienen factores orgánicos, psicológicos y sociales.

Los factores orgánicos pueden ser: inflamación e infección de la uretra o de la próstata; niveles hormonales anormales; alteración en la sensibilidad de los receptores cerebrales de la serotonina; glande hipersensible (poco frecuente). Los factores psicológicos: falta de educación sexual, experiencias sexuales tempranas negativas, déficit de habilidades sexuales, estrés y/o depresión, TOC (trastorno obsesivo compulsivo). Además falta de aprendizaje del control eyaculatorio, frecuencia sexual baja, disfunciones de pareja, disfunción eréctil. Todo esto puede predisponer y mantener la eyaculación precoz.

Cabe mencionar que muchas veces una disfunción sexual es secundaria a otra, por ejemplo: una persona con disfunción eréctil puede que termine desarrollando una eyaculación precoz, ya que en caso de lograr una erección puede temer no mantenerla y a raíz de eso tratar de eyacular rápido. También en casos de disfunción eréctil es común ver un deseo sexual hipoactivo, dado que la imposibilidad de lograr y mantener una erección suele provocar una pérdida del deseo.

La eyaculación precoz se puede presentar de diferentes maneras: eyaculando previo a la penetración (*anteporta*) o eyaculando antes de lo previsto, sin lograr controlarlo. En estos casos hay que reconocer las reacciones del cuerpo de cada uno para saber cuándo se va a descargar el semen y de esta forma poder controlarlo. A medida que la excitación aumenta y se produce la erección se llena la vesícula seminal, cuando está completa cierra el conducto que permite pasar la orina y deja pasar el semen, ya en esta etapa la eyaculación es inevitable (ya no hay retorno). Previo a este episodio se producen contracciones, fáciles de descubrir, en el pene (en la base) que revelan la abertura de la bolsa seminal. Si el hombre domina el instante previo a dichas contracciones bastará con que frene en ese mismo momento la estimulación para frenar el transcurso.

"El semen no tiene sabor". El semen tiene un gusto dulce que lo caracteriza por la presencia de fructuosa. El mismo puede ser indiferente, desagradable o agradable para la pareja. El sabor puede no ser encantador pero con el aumento del placer puede ser bien recibido por la otra persona. El sabor del semen además tiende a variar según la alimentación de la persona.

6- Menstruación

"La menstruación se debe ocultar, es una maldición de la mujer". Muchas mujeres reniegan de la menstruación, sobre todo por el malestar y/o la incomodidad que les genera. Aunque cada vez haya más productos en el mercado de mejor calidad y accesibilidad para "esos días", en la sociedad es algo que se tiende a ocultar. Por más que se trate el tema con naturalidad hoy por hoy nadie tiene que darse cuenta a la vista de que la mujer está menstruando y de hecho las publicidades de adherentes y tampones propagan lo mismo.

En la actualidad además contamos con la copa menstrual, la misma es más ecológica e higiénica y su duración es de 5 a 10 años. La copa (al igual que los tampones) viene de diferentes tamaños (y colores) y a largo plazo termina siendo más económica que las toallitas o los tampones. De todas maneras pensamos que de la misma forma que se hace entrega gratuita de métodos anticonceptivos debería hacerse lo mismo al menos con adherentes, ya que en algunos contextos los mismos no son accesibles y la falta de éstos limita a adolescentes y mujeres a realizar sus actividades diarias.

"La menstruación es una enfermedad". La menstruación no es una enfermedad; sino lo contrario. La misma es uno de los signos de que el organismo está funcionando adecuadamente, siempre y cuando no se tomen anticonceptivos orales ya que los mismos regulan el ciclo menstrual. Por ende no hay que transitarla como una enfermedad sino como un proceso natural. Solo basta con tomar los recaudos necesarios, los cuales son mínimos.

"Un atraso menstrual siempre es igual a embarazo". Un "atraso" puede deberse a un embarazo, obviamente va a depender de que la mujer tenga una vida sexual activa y de que no se proteja adecuadamente; o no. Hay veces en que los ciclos menstruales son irregulares, dependiendo de cada mujer y sobre todo de la edad; generalmente sucede en la adolescencia, seguido de la menarca (primera menstruación) y en el climaterio, alrededor de la menopausia (última menstruación). Además un "retraso" puede asociarse a algún desorden: alimenticio, hormonal, ansiedad, estrés, nerviosismo, como también a nivel del aparato reproductor femenino; como pueden ser quistes en los ovarios, entre otras cosas. Por lo tanto en caso de que sea persistente y recurrente se debe consultar a un médico.

7- Virginidad

Individuo que no ha mantenido relaciones sexuales. Hombre o mujer que no ha realizado coitos.

"La virginidad es un tesoro en todas las mujeres". La actitud socio-cultural frente a la mujer virgen varía. Hay mujeres que sí consideran la virginidad como una especie de tesoro y generalmente se lo entregan a la persona de la cual están enamoradas. Existen casos en los que además se requiere que el amor sea mutuo como también cierta formalidad en la relación (noviazgo) además de tener en cuenta la edad. Años atrás producía vergüenza haber dejado de ser virgen, actualmente en determinados adolescentes parece que generara vergüenza mantener la virginidad. Por lo tanto, dichos jóvenes, puede que tengan su primera relación sexual a edades muy tempranas por imposición de la sociedad y no por su decisión; ocurre lo mismo que antes pero en sentido contrario. Como también hay mujeres que mantienen su "virginidad" practicando sexo oral y/o anal. Con respecto al himen (membrana frágil y delgada de tejido incompleto que se encuentra en el límite de unión del conducto vaginal y la vulva) al cual históricamente se lo ha visto como signo de mantenimiento de la virginidad.

"Todas las mujeres sangran cuando pierden la virginidad". Las mujeres pueden sangrar o no con la ruptura del himen. El himen es una membrana fina, flexible, que separa la vulva de la vagina. Tiene uno o más orificios por donde pasa la menstruación. El mismo puede romperse, sin ser evidente, realizando ciertas actividades (gimnasia, equitación, bicicleta, etc.). Puede romperse en posteriores relaciones sexuales (no en la primera) como no llegar a romperse nunca (más allá de mantener relaciones coitales vaginales). A este tipo de casos le llamamos de "himen complaciente" (se dilata sin romperse).

Sin embargo, en las adolescentes existe una preocupación común que es el sangrado cuando pierden la virginidad; lo cual antiguamente se consideraba la prueba de que esa mujer no había tenido relaciones sexuales antes.

8- ITS/ETS (Infecciones/Enfermedades de Transmisión Sexual)

"El condón protege de todas las ITS". Error. Previene el contagio de infecciones, principalmente el VIH (virus que provoca el Sida), la sífilis y la gonorrea. No protege contra el HPV (virus del papiloma humano), ya que el mismo puede alojarse en la piel alrededor de los genitales. Además es importante aclarar que la prevención existe siempre y cuando el condón se use de manera correcta. En relación al uso, lo que se debe hacer es: no dejar el preservativo expuesto al sol (billeteras, bolsillos, etc.); no llenarlo de agua para ver si está pinchado (previo al uso); no usar lubricantes artificiales (lo que puede producir roturas en el látex); liberar el aire de la punta para que no se rompa; no abrir el paquete con los dientes; no dejar permanecer con el pene en la vagina después de eyacular (el pene queda flácido y el condón puede salirse); colocarlo hasta la base, evitando dejar dentro vello púbico. Cabe mencionar que hoy en día en el mercado existen preservativos sin látex que no dan reacciones ni alergias, son más blandos, no huelen a látex y mejoran la sensibilidad y comodidad.

Actualmente se ha escuchado hablar del Stealthing: "en secreto". Se utiliza para describir una práctica que realizan las personas con pene y que consiste en retirarse el preservativo de manera oculta durante el coito, sin que su compañera/o sexual se entere, a pesar de haber acordado usarlo. Esta práctica es una forma de abuso y un acto de violencia sexual. Expone a las víctimas a riesgos físicos y a efectos emocionales y psicológicos por consecuencia de esta manera de agresión.

"El prepucio no es vía de entrada del VIH". La circuncisión en el hombre puede intervenir directamente en la baja del riesgo de contraer VIH por disminuir la capacidad del virus para fijarse y penetrar en las células. El prepucio posee una mayor cantidad de células para la infección por HIV que la superficie del pene.

También el prepucio está más propenso al traumatismo, lo que podría acrecentar la posibilidad a una infección por el HIV en la actividad sexual. Ciertas ETS (Enfermedades de Transmisión Sexual) como la sífilis y el herpes se reducen en los hombres circuncidados. Las ITS ulcerativas se relacionan con un aumento del riesgo de adquisición de HIV. Por lo tanto el resultado de la circuncisión sobre la prevención de la adquisición del VIH podría ser, también, indirecto. Además protege contra el VPH (Virus del Papiloma Humano) y en efecto contra el cáncer de pene y cervical.

"El Sida se contagia a través de los besos". El sida no se contagia por la saliva. El beso profundo cuando hay heridas sangrantes en ambas bocas sí es una conducta de riesgo ya que el virus del VIH se encuentra en la sangre, en los fluidos genitales y en la leche materna.
En cuanto a conductas sexuales el mayor riesgo es a través del sexo anal, seguido por el vaginal (mayor riesgo receptivo en ambas conductas ya que las paredes del ano sobretodo y de la vagina son sensibles, por lo que se pueden romper venas que algunas veces son imperceptibles) y por último el sexo oral (mayor riesgo para el que lo practica).

En cuanto a las prácticas homosexuales entre mujeres se recomienda una higiene adecuada antes de compartir cualquier tipo de vibrador, como además abrir un preservativo a lo largo y colocarlo en la vulva antes de que se le practique sexo oral a esa persona (campo de látex). También se debe colocar campo de látex previo al frote de ambos genitales.

El riesgo de contagio aumenta notoriamente con el uso compartido de jeringas.

Cabe aclarar que VIH no es SIDA. El sida como consecuencia al tiempo de contraer el virus del VIH si la persona no realiza el tratamiento indicado correctamente; el virus se contagia aunque no se haya llegado a la etapa SIDA. Una vez alcanzada dicha etapa las consecuencias pueden ser nefastas (aparición de otras infecciones, ciertos tipos de tumores, etc.). Hoy en día, gracias a todos los avances, el VIH pasó de ser una infección terminal a una infección crónica. Aunque en la actualidad lamentablemente aun debemos luchar contra la estigmatización y la discriminación, ya sea por ignorancia en lo que hace a los riesgos de contagio como por la antigua asociación (todavía vigente) del virus a las conductas promiscuas.

Es importante mencionar que el estado de salud de quien se expone a una conducta de riesgo va a influir, como también la etapa por la que esté atravesando la persona infectada con la cual se mantuvo el encuentro sexual. Dado que si la persona con VIH logra alcanzar y mantener ciertos valores (indetectables en sangre) no estaría en condiciones de contagiar ni de transmitir el virus.

¿Qué es la profilaxis post-exposición?

Es un tratamiento que evita la transmisión del VIH.

Consta de una medicación que debe ser proporcionada en las primeras 72 horas después de la situación de riesgo.

La eficacia crece si el tratamiento empieza rápido.

Los efectos secundarios pueden ser: alergias (*rash*, picazón). Si la persona tiene fiebre o la alergia es generalizada, debe consultar urgente al médico. Mareos y vértigo, si estos síntomas están relacionados con un antirretroviral, se recomienda tomar la medicación a la hora de dormir y lejos de las comidas. Pérdida del apetito, si no es posible ingerir una comida completa, se puede comer varias veces al día en pequeñas porciones. Molestia estomacal, en este caso, tomar la medicación con la comida y sino probar tomarla dos horas después (aprox.). Malestar general, ante esta situación, se indica relajación y descanso.

Además en todos los casos consultar siempre con el infectologo.

Los efectos adversos varían en las diferentes personas, y en la misma persona a lo largo del tiempo.

No se debe cambiar la dosis ni dejar de tomar la medicación sin haberlo consultado con el médico.

Luego de un período de adapatacion a la medicación, los efectos secundarios desaparecen o son más leves.

Los medicamentos actuales no producen cambios en el cuerpo.

Aunque se han realizado adelantos importantes para terminar con el SIDA como amenaza para la salud pública, la epidemia del VIH no ha sido exterminada y los jóvenes siguen siendo la población de más alto riesgo. En 2017 hubo alrededor de 250.000 casos nuevos de VIH a nivel mundial, y 38.000 adolescentes murieron por causas vinculadas con el SIDA. En el mundo, 1,8 millones de adolescentes viven con el VIH/SIDA.

La Educación Sexual Integral (ESI) es fundamental para que las personas jóvenes sepan protegerse del VIH. La ESI además sirve para que los adolescentes eviten los embarazos precoces y otras enfermedades de transmisión sexual, les motiva a buscar información acerca de la salud, promueve los valores de tolerancia, respeto mutuo y la no violencia en los vínculos, y de esa forma ayuda a una evolución sana hacia la adultez.

Una herida abierta no puede transmitir el virus del VIH

Según n Grupo de Estudio Uruguayo del VIH, el virus fuera del organismo es débil, se inactiva fácilmente y no es capaz de reproducirse, el tiempo que resiste en el exterior varía según la humedad, la temperatura, etc. Por lo que el riesgo de contagio por una herida abierta o contacto con sangre en el entorno es muy bajo. De todas formas, ante la duda se debe hacer el test.

El 1° de diciembre de cada año, la UNESCO, ONUSIDA, patrocinadores y otros asociados unen sus esfuerzos para conmemorar el Día Mundial de la Lucha contra el SIDA.

Este año tuve el privilegio de poder estar en Ginebra (Suiza) y conocer QUEEN The Studio Experience Montreux, un lugar maravillosamente inspirador, una vista de postal, un aire sin vicio, en donde el grupo halló el anonimato, el refugio y la armonía que buscaba para grabar sus discos, y Freddie Mercury (por las mismas razones) para pasar los últimos días de vida. A lo que voy con este relato, es que hoy ese estudio de grabación se convirtió en un museo increíble, en donde la entrada es sin costo, solo se solicita la colaboración (voluntaria, opcional) de un euro para La **Mercury Phoenix Trust** que es una organización benéfica que lucha contra el VIH/sida en todo el mundo. Fundación que crearon el resto de los integrantes de la banda tras la muerte de Mercury y para la cual se recaudaron fondos con el concierto homenaje a Freddie Mercury para el conocimiento del sida, el objetivo del evento era concientizar a la gente sobre la existencia de la enfermedad.

9- Métodos anticonceptivos

"Los anticonceptivos son 100% seguros". No lo son.

Los métodos anticonceptivos se dividen en: Naturales y Artificiales.

Dentro de los métodos naturales encontramos: eyaculación extra vaginal (coito interrumpido; abstinencia periódica (cálculo); medición de la temperatura; observación de flujo vaginal traslúcido. Estos métodos son los menos eficaces, el riesgo al embarazo es alto.

El cálculo, el control de la temperatura y la observación del flujo hoy en día se tienen en cuenta mayormente cuando se está en la búsqueda de un embarazo.

Solo los métodos naturales son aceptados totalmente por la Iglesia Católica.

Dentro de los métodos Artificiales: preservativo; diafragma vaginal; píldora anticonceptiva (hormonas que impiden la ovulación); parches, inyecciones; implantes subdermicos; DIU (dispositivo intra uterino, T de cobre); ligadura de trompas; vasectomía (ligadura de cordones espermáticos).

La vasectomía es una forma permanente de anticoncepción quirúrgica. La reversión de este método puede ser exitosa pero no se puede garantizar la reversibilidad para recuperar el potencial fértil. La vasectomía es eficaz, segura y reversible. No afecta la eyaculación ni el orgasmo (solo se realiza el corte de los conductos por donde se movilizan los espermatozoides para unirse con el resto del semen).

Con respecto a esto, el rol del hombre en lo que hace a anticoncepción es más activo que antes. Cada vez hay mayor interés de compartir el lugar de responsabilidad que durante mucho tiempo solo ocupó la mujer, poniendo también su cuerpo. En la actualidad hay muchas consultas por vasectomía.

La píldora post coital o de emergencia, debe ser utilizada como tal y no como método anticonceptivo ya que aporta por cada consumo una alta dosis de hormonas. Incluso puede generar desajustes en el ciclo menstrual.

El preservativo viene con una fecha de vencimiento a la vista. El mismo debe ser colocado adecuadamente (no con las uñas) colocándoselo en el pene erecto y sacándolo lo antes posible luego de la eyaculación para evitar la migración y pérdida de la eficacia. También es más fácil la rotura después de la eyaculación; por último no usarlo dos veces. Existen personas que después del uso del preservativo lo llenan de agua para ver si no se ha roto, ya que las rupturas son causa frecuente de falla del condón.

Como ventaja encontramos, con el uso del condón, la carencia de efectos secundarios sobre ambos y la higiene íntima.

Las desventajas son: la pérdida de espontaneidad y la pérdida de sensibilidad, aunque con los modelos de látex finos es casi imperceptible su presencia.

Dado los costos, programas de planificación familiar públicos y privados suelen abastecer de suficientes condones a sus usuarios.

El diafragma se coloca en el cuello del útero entre un minuto y una hora antes del coito, recubierto de una crema espermicida que permite retirarlo a las 8 hs.; además de aumentar su confianza. Si no se utiliza la crema, no se puede retirar hasta pasados dos días; por la vida de los espermatozoides. El tamaño tiene que ser recomendado por el ginecólogo, ya que muy pequeño es poco eficaz y muy grande incomoda. Se usa poco en Latinoamérica, quizás por el rechazo a la inserción por parte de las mujeres. Las fallas son similares a las de los condones.

De todos los anticonceptivos reversibles la píldora es uno de los más eficaces. Su descubrimiento y aplicación compone uno de los pilares de la llamada "Revolución sexual" pues a través de la misma se ha conseguido disociar finalmente la función sexual en sus funciones erótica y reproductiva y se ha llegado al control de la natalidad, la planificación familiar y la paternidad responsable, en sus dimensiones más efectivas.

El implante subdermicos, implante transdérmico, implante subcutáneo, también conocido como pelet, pellet es un método anticonceptivo hormonal (hormona derivada de la progesterona) que evita la ovulación y hace más espeso el moco del cuello uterino, impidiendo el paso de los espermatozoides al interior del útero. Compuesto por una varilla de tamaño pequeño que se coloca debajo de la piel del brazo de la mujer, ofrece protección anticonceptiva durante tres años. Una vez agotada su efectividad el médico debe retirar el implante.

Los implantes biodegradables no precisan ser retirados (se disuelven en los tejidos). Se insertan en la cadera o en el brazo, y duran 18 meses. Existe otro método similar que dura un año.

El parche transdermico es un anticonceptivo hormonal combinado. Al contrario de la píldora anticonceptiva oral, el vómito o diarrea no afectan a la cantidad de medicamento que se libera del parche.

En cuanto a los inyectables hormonales existen dos presentaciones. La aplicación mensual, contiene combinados hormonales (estrógenos y progesterona) y la trimestral que contiene solo progestina.

El mecanismo de acción del DIU consiste en la formación de moco inflamatorio y la obstrucción mecánica de las trompas de falopio. El inconveniente más habitual es el abundante sangrado, producido por la producción de prostaglandinas por estimulación del cuerpo extraño. Es imprescindible el control médico periódico para evitar el embarazo, puede permanecer en el útero hasta 10 años.

El DIU hormonal (contiene la hormona progesterona) o DIU Mirena es el nombre comercial del SIU (sistema intra uterino), el mismo tiene una duración de 5 años aprox. El SIU disminuye el sangrado menstrual, incluso el sangrado puede llegar a ser nulo.

No existe anticonceptivo 100% eficaz, excepto no penetrar en vagina y no eyacular en vulva.

Los métodos artificiales utilizados y controlados correctamente logran una efectividad casi total; para mayor seguridad se puede utilizar más de uno.

De todas maneras, el mejor método anticonceptivo es el que le resulte más conveniente a cada persona. A la hora de elegir en anticoncepción es importante consultar con un profesional (la excepción sería cuando el mètodo es de barrera: preservativo/diafragma).

10- Sexo anal

"El sexo anal solo lo practican los homosexuales varones". También el ano es una zona erógena, tanto en la mujer como en el varón y por lo tanto puede ser estimulada, de varias maneras y en ambos sexos, sin hablar de homosexualidad.

A los hombres generalmente dicho estímulo les provoca placer pero les cuesta reconocerlo, hasta lo llegan a evitar por temor a dichas creencias fuertemente arraigadas en la sociedad. Es más, es común y perjudicial para la salud ver hombres que no van al Urólogo y no se controlan la próstata por mitos y machismo.

Por lo tanto el sexo anal puede ser practicado por parejas heterosexuales, si las dos personas así lo desean y con los cuidados necesarios.

De todas maneras muchas mujeres se resiste a hacerlo.

El ano, a diferencia de la vagina, no se lubrica. Por lo tanto se tiene que utilizar un lubricante para disminuir la fricción facilitando la penetración (la saliva se recomienda, y es natural).

La mujer tiene que estar bien excitada. La penetración tiene que ser lentamente, posterior a la introducción y al movimiento circular de un dedo y luego de otro para ir dilatando la zona. Si hay dolor hay que retirar lo introducido, ya que el dolor inhibe la excitación.

Además es importante saber que luego de retirar el pene del ano y previo a introducirlo en la vagina, hay que higienizar el pene para no trasladar bacterias del intestino a los genitales que puedan provocar infecciones.

Como cuando hablamos de sexo oral, también hacemos hincapié en que se realice previamente una adecuada higiene, tanto a nivel genital como bucal.

En algunas personas, ya sea para la penetración anal o vaginal, el uso de lubricantes es indispensable ya que la sequedad aumenta el riesgo de irritación, dolor e infecciones.

Existen varios tipos de lubricantes sexuales, como efecto calor o frío, de sabores, anestésicos, etc. Estos se pueden clasificar en tres tipos dependiendo de su componente principal: a base de agua, silicona o de aceite.

A base de agua: consistencia bastante líquida, similar a la lubricación natural. No es pegajoso. No deja manchas. Se absorbe rápidamente por la piel. Indicados para reducir la sequedad vaginal provocada por la baja de estrógenos. Compatible con preservativo y juguetes eróticos.

A base de silicona: impermeable. Bastante viscoso, no se absorbe. Deja manchas. Compatible con preservativo. No compatible con juguetes eróticos de silicona.

A base de aceite: impermeable. Deja manchas difíciles de sacar. Puede dañar el PH de la piel de la mujer produciendo infecciones. Ideal para la masturbación del pene. No compatible para preservativo de látex porque lo rompe. Deteriora los juguetes eróticos.

La vaselina, las cremas hidratantes y cualquier producto que contenga aceite no son recomendados para usar como lubricante ya que genera descontroles en el PH vaginal y puede provocar picazón, irritación e infecciones.

11- Embarazo

Con el embarazo cambia el cuerpo de la mujer y las hormonas juegan un papel muy importante. Los cambios corporales promueven emociones, sensaciones y necesidades nuevas. Aparecen expectativas, curiosidades, mandatos, particularidades, etc. Tenerlos en cuenta es la clave para reencontrarse con una misma y adaptarse a la vivencia derribando mitos. De muchos factores va a depender la experiencia de la sexualidad en esta etapa.

El cuerpo de la mujer obtiene, en un lapso de tiempo breve, ajenas dimensiones. Dichos cambios pueden generar inseguridades y temores que producen ciertas experiencias: temor a dejar de ser atractiva para su pareja, desvalorización de la autoimagen, aumento de la necesidad de complacer a la pareja antes que a ella misma. Además el "futuro papá" tiene que afrontar los propios: tristezas, temores e incertidumbres se exteriorizan de manera habitual ante la paternidad. Los dos integrantes de la pareja atraviesan un escenario movilizador. La seducción pasa a ser secundaria muchas veces y eso no es un problema siempre y cuando sea una necesidad de ambos. Favorablemente la comunicación afectivo-sexual es amplia y pude conseguir la manera que cada pareja demande y su creatividad le conceda.

El Primer trimestre es un periodo de fragilidad emocional debido a los cambios hormonales que se dan rápidamente. La comprensión y contención de la pareja es imprescindible. La sensibilidad en las mamas aumenta con lo que se hace preciso otro tono en las caricias; hallarlo puede hacer que se descubran otros goces.

Estudios señalan que poco más de la mitad de las mujeres vivencian una baja de la libido, esto es dado por sensaciones que pueden sentirse molestas, añadido a las náuseas y malestares propio de la etapa. Un porcentaje muchísimo menor (entre el 5 y el 10 %)

muestra mayor deseo sexual. Inclusive, y es interesante, hay quienes tienen su primer orgasmo durante el embarazo.

En Segundo trimestre los malestares se reducen o desaparecen. La mujer y su pareja se van amoldando a los cambios (físicos y psíquicos). Eso ayuda a que se retome la sexualidad. Los cambios corporales facilitan la excitación porque benefician la presión de la sangre en los genitales. Pueden aparecer nuevos miedos. Empiezan a sentir los movimientos del bebe, lo que puede provocar temor a causarle daño. Los cambios físicos más claros pueden hacer que la mujer se inquiete por si consigue excitar a su pareja con su "nuevo cuerpo".

En Tercer trimestre es habitual la disminución de la relación coital. Generalmente se debe a la panza que interfiere entre la pareja. Es necesario tener en cuenta posiciones coitales que faciliten la actividad sexual. Esta fase del embarazo, en muchos casos, se vive con gran ansiedad. La ansiedad produce una respuesta del cuerpo manteniéndolo en estado de alerta, lo que desfavorece la entrega y el contacto con los sentidos; imprescindibles para una sexualidad satisfactoria.

Entre un 20 y un 50% de las embarazadas manifiestan tener disfunciones sexuales. Estos porcentajes crecen con el correr de los meses, llegando al 73% en el tercer trimestre. Estudios prueban que el deseo sexual se reduce poco en el primer trimestre, acrecentando dicha baja hacia el segundo y tercer trimestre. Con respecto a la lubricación se incrementa en el embarazo, y se dificulta llegar al orgasmo. También es común una disminución del placer sexual y aumento de la dispareunia.

La etapa fértil de la mujer se estima comprendida entre los quince y los cuarenta y nueve años. Aunque empieza con la primera menstruación, que suele suceder aprox. a los 11 años y finaliza con la última menstruación (menopausia) que ocurre alrededor de los 45-50 años dentro del periodo llamado climaterio. La fertilidad de la mujer presenta dos ciclos de riesgo: la adolescencia, desde la menarca (primera menstruación) hasta los 18 años, por falta de madurez (bilógica y psicológica) y a partir de los 35 años hasta la menopausia, por el riesgo aumentado de malformaciones fetales y complicaciones del embarazo y parto.

“No hay que tener relaciones con la mujer embarazada”. Hay parejas que sienten miedo de hacerle daño a su bebe al mantener relaciones sexuales, lo cual no les permite disfrutar completamente; teniendo la fantasía (generalmente a nivel inconsciente) de “poderlo aplastar” o que “el bebé pueda ver y/o sentir el pene”, cuando en realidad sabemos que anatómicamente el niño o niña está protegido. A esto se le suma, hacia el tercer trimestre, la incomodidad por el crecimiento de la pansa.
Sabemos que la tendencia de los médicos ginecólogos no es hablar de estos temas con sus pacientes, a los cuales les puede llegar a resultar difícil hacer preguntas, ya sea por falta de tiempo o por cohibición; por lo que las dudas están a la orden del día. Aunque hay que mencionar que sí te dicen cuando no están permitidas las relaciones sexuales, ya sea por un reposo inducido por una pérdida de sangre; u otras causas. Por lo tanto si todo está bien se pueden mantener relaciones sexuales. Por una cuestión de comodidad se recomiendan ciertas posturas: la mujer por encima del hombre (Andrómaca); la pareja acostada lateralmente, el varón detrás de la mujer; o puede ser: la mujer en “cuatro patas” y el hombre por detrás arrodillado.

“Eyacular solo en vulva no embaraza nunca”. Existen casos de embarazos sin penetración eyaculando solo en vulva, basta con que una gotita de semen entre en la vagina y un espermatozoide alcance el óvulo para que se produzca un embarazo. Hay mujeres que han quedado embarazadas siendo “vírgenes”, de esta manera, generalmente por dicha creencia o por un embarazo deseado que no se logra a través del coito por padecer vaginismo (imposibilidad de realizar el coito, debido a la contracción involuntaria de los músculos del tercio inferior de la vagina) o dispareunia (dolor con la penetración).

“Se puede penetrar y ponerse el condón para eyacular”. No. El preservativo de debe colocar antes de la penetración en la vagina del pene. Siempre hay residuos de semen con espermatozoides en movimiento en el meato urinario (terminación de la uretra en la cabeza del pene) y pueden fecundar si se expulsan. La lubricación uretral del hombre, en muchas ocasiones, impulsa a dichos espermatozoides.

“La mujer no queda embarazada la primera vez”. Si se puede quedar embarazada la primera vez, si la mujer está en periodo de ovulación obviamente.

Sabemos que las contracciones que se producen en el orgasmo favorecen el traslado de los espermatozoides al óvulo, y que muchas veces la mujer no tiene orgasmo “la primera vez” (ya sea por dolor, ansiedad anticipatoria, temor al desempeño y/o falta de estimulación adecuada); aunque esto no quiere decir que no se pueda producir un embarazo.

“Existen periodos seguros para no quedar embarazada”. Si y no, respuesta ambigua, mito al fin. Si bien existen en la mujer periodos estériles y fértiles, los mismos pueden llegar a variar en cada mujer ya que en lo que hace a lo biológico no hay respuestas orgánicas regulares. Sabemos que los nervios, la ansiedad, el estrés pueden provocar cambios en la ovulación; incluso pueden llegar a anular la misma. Además se requiere de un gran conocimiento personal en lo que hace al ciclo ovárico y menstrual, ya que si bien se asocia la ovulación con el día 14 de cada mes, la misma puede variar; incluso hay mujeres que ovulan durante el periodo menstrual.

4

12- Climaterio y Menopausia

"La sexualidad desaparece con la histerectomía, menopausia y vejez de la mujer". No hay motivo alguno para que en estos casos, por si mismos, el sexo disminuya.

- Llamamos "histerectomía" a la extracción del útero-

De lo contrario, luego de la intervención quirúrgica la sexualidad puede enriquecerse ya que no existe riesgo de embarazo ni menstruaciones y el orgasmo se mantiene o incluso se tiene cuando nunca antes se había tenido. Al comienzo, se puede sentir dolor.

Muchas veces sucede que los hombres cuando llegan a los cincuenta buscan recuperar su juventud, entre otras cosas, con mujeres más jóvenes. Lo que hace que las mujeres cincuentonas sientan que "ellas ya no sirven", descendiendo así su autoestima y en muchos casos optando por cirugías, etc.

Los hijos comienzan a irse de la casa y los padres, en varias ocasiones, empiezan a precisar que sus hijos los cuiden; al revés de lo que venía siendo hasta entonces.

Desaparece la menstruación y aunque esto es vivido por muchas mujeres como algo terrible (sobrevaloración de la función reproductiva y el final de la misma), para otras es positivo porque ya no existe la posibilidad de embarazo y por lo tanto se puede disfrutar aún más de la sexualidad.

El deseo sexual y la excitación siguen presentes en la menopausia, al igual que la capacidad orgásmica, lo que disminuye es la lubricación vaginal debido a un descenso de los estrógenos (se resuelve con productos humectantes). Dicha falta de humedad se puede prevenir, en parte, si la mujer es activa sexualmente.

Generalmente, durante y después de la menopausia, se va a requerir de un periodo de tiempo mayor para excitarse y para lubricarse (en caso de que haya lubricación).

Se recomienda, en dichos periodos, para mantener una sexualidad plena, ejercitar los músculos de la vagina (ejercicios de Kegel) para prevenir la pérdida de placer a nivel de los genitales.

Hay mujeres que al perder la lubricación, a dicha edad, creen que el sexo se les ha terminado; otras mantienen relaciones sexuales secas y al sentir dolor empiezan a abandonar la vida sexual, mientras que algunas aprovechan este momento para alejarse de la sexualidad; ya que nunca obtuvieron satisfacción sexual.

El erotismo y la seducción, en esta etapa, están ligados a la vida y a la juventud interior, como también a la madurez, a la experiencia y al aprendizaje. Si hay conflictos emocionales, si esta etapa es vivida como el final del erotismo es recomendable consultar a un psicoterapeuta ya que se estaría valorando a la menopausia con un concepto equivocado. El cuidado de la salud, con actividad física y aceptación de la nueva etapa hace que la mujer se renueve y no pierda su capacidad erótica. No hay otro obstáculo que no sean los prejuicios.

"Todas las mujeres deben recibir hormonas después de la menopausia". No es así. Si bien los estrógenos favorecen la lubricación vaginal, la cual tiende a afectarse en mujeres postmenopáusicas; hay que tener en cuenta que los mismos alimentan al cáncer de mama, así que por lo tanto hay que saber si la mujer tiene o no herencia (madre, abuela o hermana con este tipo de cáncer) para indicarle o no dicha hormona. Para estos casos, especialmente, se puede recurrir a diferentes lubricantes y de buena calidad; ya que el mercado día a día se renueva.

Sabemos que el placer y el dolor, generalmente, no están relacionados y que la falta de lubricación puede llevar a una dispareunia y a determinadas infecciones.

Aunque el placer pueda llegar a ser capaz de paralizar el dolor, también puede suceder que el dolor inhiba o detenga a la persona; lo cual probablemente conduzca a una disfunción del deseo (deseo sexual hipoactivo).

Uno repite lo que le satisface.

13- Posturas coitales

Los individuos nunca mantuvieron relaciones sexuales de la misma forma. Para probarlo basta observar las evidencias artísticas y gráficas que se han dejado a lo largo de la historia. "*Un personaje de ingenio debe multiplicar las clases de unión sexual*", sugiere el Kama Sutra (texto oriental erótico). Sin embargo, la cultura occidental nos ha sugerido la posición "del misionero" (varón arriba y mujer abajo) con el fin meramente de procrear.

Lo que limita a algunas parejas de hoy en día son los mandatos que trataron de imponer una posición natural o de establecer que es mejor cantidad que calidad. Hay parejas que cuando mantienen relaciones sexuales utilizan siempre la misma postura coital, con pocas variantes y escasos "juegos previos" lo que genera una rutina, inclusive sin tomar en cuenta que hay posiciones que pueden llegar a ser más placenteras para alguno de los miembros o para ambos. Es por eso que las personas, desde hace mucho tiempo, están buscando variaciones para avivar la pasión o acrecentarla. Las distintas posiciones se utilizan, también, según las fantasías de cada individuo.

Antiguamente algunos hombres consideraban que el placer y el orgasmo de la mujer no se consideraban necesarios, ellas eran solo el instrumento del deseo de los hombres a quienes incitaban. Luego se empieza a considerar las relaciones sexuales satisfactorias como fortalecedoras del matrimonio. Teniendo en cuenta esta visión, todas las posturas coitales serían naturales. Para la Sexología todas las posiciones son válidas mientras tanto provoquen placer a ambas partes.

Las relaciones sexuales no se basan exclusivamente en el orgasmo, sino además en caricias, abrazos, palabras, contactos orales, masajes, juegos y variación en las posturas; haya o no penetración.

Comúnmente las mujeres prefieren ir arriba, eso las excita y hace que lleguen al orgasmo. Posiblemente en esta postura consigan más frotación del clítoris, pudiendo lograr un mayor movimiento y regular su excitación. Se recomienda la posición de la mujer arriba para facilitar el orgasmo femenino. El hombre además se encuentra favorecido por esta postura ya que habitualmente puede controlar mejor su eyaculación, más aun si la mujer se mueve lentamente.

El orgasmo más rápido para el varón es generalmente cuando él está arriba y la mujer conserva las piernas cerradas o cuando existe además un estímulo manual de ella en el escroto y la base del pene durante el coito. En la mujer también la estimulación manual (del compañero o de ella misma) durante la penetración apresura la respuesta orgásmica, para esto la postura del misionero no es la más cómoda.

En definitiva tanto para apresurar un orgasmo como para retrasarlo hay que saber que las variantes: ritmo, intensidad, movimientos o posturas, permiten ejercitar un control más eficaz al momento del orgasmo masculino.

Hay posturas que pueden llegar a resultar dolorosas o traumáticas para quienes las realizan. Estos efectos no se les atribuyen solo a ciertas posiciones sino a la prueba de determinadas hazañas, etc. y a la realización de bruscos movimientos. Hay mujeres que sienten dolor cuando ponen sus piernas en los hombros del varón y éste las penetra. En esta cuestión la explicación es la siguiente: el glande puede hacer contacto con el cuello del útero. Aunque también y a favor de esta postura en la mujer bien lubricada permite la introducción del pene semierecto y esto beneficia a aquellos que sufren algún grado de disfunción eréctil.

Cada individuo tendrá que ir vivenciando en qué postura goza más, en cuál logra un control eyaculatorio mayor o más facilidad para llegar al orgasmo. Existen tantas posiciones como lo permita el encuentro de los cuerpos. Simplemente hay que animarse.

“La única postura coital es la del misionero”. La novedad es enemiga de la rutina. También ayudan a concretar deseos y fantasías que enriquecen la vida sexual. Afortunadamente el cambio es lo único que permanece.

La postura coital en la que la mujer está encima del varón le permite a ella verse y ser vista; además de ser beneficiosa para la mujer anorgasmica ya que con esta postura se estimula directamente el clítoris y también a ambos les quedan las manos libres. Gran parte de las mujeres eligen dicha postura porque de esta forma pueden controlar los movimientos coitales. A parte se sugiere para los varones que padecen enfermedades cardiacas, para los mayores y para los perezosos.

Si existe embarazo o vientre grande se recomiendan las posiciones de costado "cucharita", ya que la pansa incomoda en determinadas posturas.

A su vez las posiciones laterales son ideales para las parejas que tienen una gran diferencia de estatura.

La postura coital tradicional del misionero lo que sí favorece es la fecundación.

14- “Juegos previos”

“El beso y las caricias prolongadas aburren a la mujer”. A un gran número de mujeres (por no decir a la mayoría) les gusta muchísimo y lo necesitan para excitarse y llegar al orgasmo. Existen hombres a los que también les gusta mucho y le son necesarios los besos y las caricias previas prolongadas, aunque biológicamente pueden tener una erección y una eyaculación sin mucha “previa” lo cual no quiere decir que obtengan gran placer; ya que dichos “juegos” pueden llegar a aumentar la intensidad del orgasmo.

Estos juegos sexuales muchas veces son una especie de trampolín hacia la penetración y en los mismos la mujer puede llegar a alcanzar varios orgasmos, o no. No siempre es necesario llegar al coito, lo que hace que se pueda disfrutar más de la “sensualidad sexual” y no sentirse preocupado/a por el rendimiento.

Ellos, los “juegos sexuales previos”, hacen que el cuerpo se apronte para la penetración.

Estos besos, caricias, etc. anteriores hacen que ambos se acerquen, no solo en lo que hace a lo corporal sino también a lo espiritual.

Los labios son muy sensibles (poseen terminaciones nerviosas). Los besos al igual que las caricias manifiestan erotismo, pasión, cariño y amor.

Cabe mencionar que existen zonas erógenas primarias, como ser: los pechos y los genitales y que además hay otras zonas secundarias, como ser: la espalda, las orejas, el cuello, los muslos, los glúteos, que generan al ser estimuladas (con caricias, masajes eróticos, etc.) una gran excitación. Hay mujeres que les desagrada se les estimule directamente en los genitales y/o los senos sin realizar antes un recorrido por otras zonas.

15- Fantasías sexuales

"Si la persona cierra los ojos es que fantasea con otras". Las fantasías sexuales son representaciones mentales de deseos que provocan excitación y hasta el orgasmo. Estas pueden ser imágenes, situaciones, ideas o sentimientos creados por la mente. La fantasía es el pensamiento no seguido de la acción. La elaboración de la fantasía es una actividad mental fundamental cuyo motor es el deseo no satisfecho en la realidad. Las fantasías sexuales estimulan y/o canalizan el deseo, y pueden ser inconscientes, voluntarias o involuntarias. Generalmente empiezan en la pubertad permaneciendo el resto de la vida.

La fantasía sexual puede ser útil para descargar la inhibición, mejorar la comunicación y calmar la ansiedad sexual del individuo. La fantasía capacita a la persona para vivir en forma de imagen un universo de alternativas y posibilidades eróticas generalmente prohibidas. De esta manera es como nos permite trascender nuestra realidad limitada y en muchas ocasiones romper con las reglas y los valores culturales a los que estamos sometidos. Existen individuos que no pueden más que vivir sus deseos en el plano de la fantasía. Como las fantasías sexuales ocurren en la mente se pueden llevar a cabo sin sufrimiento, miedo o remordimientos.

En el coito, recurrir a una fantasía puede ayudar a la respuesta sexual pero no todos los individuos ven como positivo este recurso, ya que hay quienes se inhiben ante la aparición de una fantasía o se sienten culpables por "engañar" a la pareja con otra persona fantaseada.

Hay diferencias en el uso de las fantasías por parte de mujeres y de hombres. El hombre precisa usar más la imaginación y la excitación visual. Sin embargo la mujer necesita más contacto afectivo y físico, esto se fundamenta por las diferencias culturales. Se dice que las fantasías sexuales de los varones hacen referencia a relaciones genitales, mientras que las de las mujeres se refieren a caricias, etc.

La capacidad de volver a vivir el pasado y de imaginar el futuro proporciona un recurso maravilloso que es utilizado para disfrutar del sexo en ambos planos: la realidad y la fantasía. Dicen que la fantasía no es un antojo por el que se deba disculparse, ya que juega un papel importante en la vida de las personas; es una especie de cumplimiento de los deseos.

Llevarlas a la práctica puede ser una experiencia negativa ya que pueden perder el efecto estimulante.

Las fantasías no son buenas ni malas. Pero la falta de las mismas puede ser un indicio de deseo sexual hipoactivo.

Las fantasías sexuales son un estímulo natural. Eso sí, puede desencadenar en un problema si se alcanza la excitación solo con fantasías ya que podría estarse tratando de obsesión.

Las fantasías sexuales tienen como función: aumentar el goce sexual; economizar la realidad; saciar la necesidad de crear y fortalecer la valorización.

"Mi pareja me es infiel pero yo soy la primera". Si bien puede existir un vínculo y ciertos beneficios secundarios que puedan estar manteniendo la pareja, esto no quiere decir que la atracción; las relaciones sexuales satisfactorias e incluso el amor no se sientan por la persona con la cual se es infiel.

16- Pornografía

La pornografía se promueve para excitar en lo inmediato y satisfacer el instinto muchas veces encerrado en lo prohibido. Además puede ser un goce solitario, todo ello regado de los mandatos religiosos, morales; donde también está el placer de transgredirlos.

Es un afrodisiaco, los efectos generalmente son de corta duración y a largo plazo se extinguen. La exposición extrema a la pornografía provoca molestia, aburrimiento, una baja de la respuesta, menor deseo y excitación sexual.

El contenido explicito suele ser para el hombre más excitante, cuando para la mujer resultan más excitantes los materiales menos explícitos pero que permiten fantasías mayores.

"A las mujeres la pornografía no les gusta". Investigadores observaron que la exposición de las mujeres a imágenes eróticas provocaba una reacción automática en las ondas cerebrales similar a la del varón vinculadas a la respuesta de excitación. Aunque subjetivamente el sexo femenino rechazaba estos estímulos calificándolos de forma negativa.

Sin embargo las mujeres muchas veces rechazan la pornografía, la cual cabe decir está hecha básicamente para hombres a los que si les atrae.

Para el sexo femenino lo pornográfico (a lo cual se refiere como grosero, etc.) no forma parte de la realidad (es pura ficción), pudiendo ser más atrayente una historia con la cual poder llegar a identificarse logrando así acrecentar la excitabilidad.

17- Cibersexo

"El "cibersexo" no provoca adicción". En los últimos años ha habido un gran progreso en tecnología digital. Se han creado juegos para las computadoras e Internet con lo cual las personas pueden interactuar a distancia (con una imagen en un monitor), también sexualmente mediante una realidad virtual.

Para los juegos sexuales existen por ejemplo guantes con un dispositivo táctil retroactivo, entre otras tantas cosas, ya que el avance es rápido y constante. Dichos juegos pueden ser vistos de manera positiva dado que evitan el riesgo de contagio de enfermedades sexuales.

Hoy por hoy es muy fácil acceder a la pornografía, como también a hacer "amigos" a través de las redes sociales.

Lo más característico del "cibersexo" es que las personas no solo miran, sino que participan activamente y controlan la situación.

Hoy en día hemos cambiado el modo de vincularnos a raíz de lo mencionado anteriormente. La tecnología, los celulares, las redes sociales reemplazan en muchas ocasiones el evitado y temido encuentro como también la intimidad que se genera con el mismo. Parece ser que la comunicación, ya sea mediante la palabra o la imagen a través del envío de nudes (fotos del cuerpo al desnudo o semi desnudo), se hace más sencilla a través de una pantalla. De esta forma podemos mostrar solo lo que nos apetece y reservarnos el resto. La tecnología avanza a pasos agigantados, por lo tanto nuestra tarea es lograr ser irremplazables. Para eso no basta con la formación académica, no alcanza con la inteligencia racional. En un mundo cada vez más competitivo se hace indispensable la inteligencia emocional. La empatía (el lograr colocarse en el lugar del otro) y la singularidad van a hacer la diferencia.

18- Infidelidad

La causa más común de infidelidad es el aburrimiento sexual. El proceso de acomodamiento sexual es trabajoso y en ocasiones no se obtiene por distintas razones. Una es la falta de información en materia sexual, por lo cual se observan disfunciones sexuales como la anorgasmia en la mujer o la eyaculación precoz. En vez de buscar ayuda o habiendo fracasado en esa búsqueda por haber acudido a profesionales sin formación sexológica, uno de los miembros de la pareja busca una relación sexual eficaz fuera del matrimonio. Esta es la explicación conocida que se le da a la infidelidad.

En otras oportunidades habiendo logrado la adecuación sexual y alcanzando orgasmos los dos miembros de la pareja, los encuentros sexuales se reproducen dentro de un sistema rígido con posiciones invariables; "juegos previos" predecibles y días fijos.

Se considera que en los matrimonios el aburrimiento sexual suele suceder con el paso de los años.

El deterioro matrimonial o desacuerdos conyugales; las fallas en la comunicación; las necesidades emocionales insatisfechas; la insatisfacción sexual; los desacuerdos financieros; los conflictos con los hijos; problemas de dominio; el oposicionismo; la desconfianza marital; alcoholismo; abuso o agresión física, pueden provocar un hecho de infidelidad.

Otra causa es el amor inmaduro, insuficiente para resguardar la integridad del vínculo. Por su falta de madurez afectiva y social no estarían en condiciones en muchos casos de establecer vínculos duraderos y firmes, lo que conduce muchas veces a la convivencia en condiciones indeseables. Ya que el embarazo temprano en parejas muy jóvenes es frecuente, formándose una relación con mal pronóstico de sobrevivencia desde el inicio y que termina con conflictos habituales y separaciones.

A cualquier edad se puede vivir un amor inmaduro, ya que existe el error de creer que el amor conyugal se trata de una emoción solamente. El concepto de amor como emoción (enamoramiento) nace de la atracción erótica y del deseo sexual por la identificación del objeto amoroso con el ideal del Otro que elaboramos a lo largo de la vida. Se trata de primero conquistar y después lograr un consentimiento para comenzar una relación amorosa.

El enamoramiento es el principio del amor como situación (amor adulto), maduro y pleno, con el que deberíamos formar una pareja estable como el matrimonio. Se basa en un Ser-Con-El-Otro. Es la culminación de un transcurso positivo que se vivencia en el noviazgo. Por el que el Otro se des idealiza y se equipara con el Otro real elaborando los duelos por la confirmación de una errónea apreciación primera o probando por el diálogo el acierto de esos supuestos idealizados e incluyendo componentes como la reciproca admiración por valores trascendentales, la atracción erótica y sexual mutua, la amistad y por último la creación de un proyecto de vida en común que integre los proyectos personales en procesos compatibles y potenciadores de las posibilidades del otro.

El amor adulto es dinámico. Lo intransferible de la experiencia vivida desde un estado de enamoramiento recíproco realiza una demarcación en los integrantes de la pareja en la construcción del amor que reduce muchísimo la posibilidad de un acto de infidelidad.

Las parejas tienen que saber, y por lo general no lo saben, que la capacidad de enamoramiento está presente en cada uno por la presencia de la función sexual en su dimensión erótica expresada por un erotismo objetivo y subjetivo y que va a producir alguna vez durante la vida de casados o de pareja estados emocionales intensos de atracción sexual hacia otros individuos. Podrán ser combatidos pero estarán presentes. Y es aquí donde tiene que actuar el sistema de control personal y social, así como también el sistema de valores que privilegie o no la fidelidad. La represión de las pulsiones sexuales está en la base de la convivencia en sociedad.

Se ha demostrado que el ser humano posee una neocorteza cerebral que da base neurofisiológica a la contención de las pulsiones sexuales instintivas y por lo que el varón padece de disfunciones sexuales inconscientemente, también como disfruta inteligentemente de poder inventar detalladamente su vida sexual, colocándola al servicio de su fantasía y de su generosidad.

Hay quienes niegan la convivencia de la represión en pos de una libertad sexual deseada.

A su vez investigaciones realizadas afirman que existen variantes en determinados genes que explican, en parte, la infidelidad; ya que la misma también está sujeta a factores externos. Solo se logró ver que las personas que presentaban dichas variantes en ciertos genes eran más propensas a cometer un acto de infidelidad que el resto. Por lo tanto la genética nos condiciona pero no nos determina. Somos libres y responsables.

19- Sadomasoquismo

Masoquismo sexual:

El masoquismo es una parafilia específica, compone uno de los pares parafilicos con el sadismo sexual de la erotización del dolor. Lo que caracteriza a la misma es la manera exclusiva o preferida de generar excitación sexual al ser humillado o atormentado, o de participar intencionalmente de actividades en que se es lesionado físicamente o se pone en riesgo la propia vida para experimentar placer sexual.

Se establecen dos criterios para ser diagnosticado: - Durante un período de por lo menos 6 meses, fantasías sexuales recurrentes y muy excitantes, comportamientos o impulsos sexuales que implican el hecho de ser atado, pegado u otras formas de sufrimiento. - Estas conductas provocan malestar significativo clínicamente o deterioro social, laboral o de otras áreas importantes de actividad del sujeto.

La parafilia empieza en la niñez y se debe a experiencias de violencia vividas en el ambiente familiar pero se manifiesta en forma de fantasías masturbatorias en la adolescencia y por medio de comportamientos en la adultez. Cuando aparecen las conductas por lo general son de curso crónico con periodos más intensos relacionados con el estrés o con el pasar del tiempo, aunque pueden estabilizarse sin incremento de la frecuencia por años.

Una o dos personas por millón de habitantes y por año, según estadísticas, fallecen en Canadá, EE.UU., Inglaterra y Australia por la práctica masoquista de la hipoxifilia: es la privación de oxígeno para aumentar el placer sexual (en pareja o a solas) por medio de bolsas de plástico en la cabeza, nudos en el cuello o compresión de tórax; a causa de accidentes o errores de procedimiento.

Las conductas masoquistas sexuales son muchas: el ser orinado, defecado, obligado a imitar animales, a arrastrarse, a suplicar, a vestirse con ropa de otro sexo. El ser vendado y encapuchado implica además sumisión sensorial. Es por algo que la tortura empieza con la capucha que despersonaliza al sujeto. Acá lo que predomina es sentir la dignidad propia reducida a cero. Además se puede pedir ser tratado como un niño o que se efectúen perforaciones en la piel o los genitales (infibulación). Las fantasías suelen ser más atrevidas y ricas que la realidad: estar en situación de ser torturado con picanas, violada o violado por muchas personas, castigado con cualquier objeto hasta morir, etc. Existe una suerte de tanatofilia o afición por la muerte por el lado del masoquista. También se fantasea ser siervo o esclavo al servicio incondicional de amos abusivos.

Los castigos reales pueden ser hechos por la pareja, con palos, látigos, picanas, cortes, coscorrones, pinchazos o con cualquier objeto hasta que la lesión duela lo suficiente o sangre. El masoquista se autocastiga en la flagelación, se pincha con agujas, se produce descargas eléctricas o se ata con alambres. La inmovilización para que uno no se pueda escapar puede ser de las muñecas y tobillos atados a la cama, lo cual implica sumisión a la pareja.

Frecuentemente se les dificulta conseguir parejas que quieran realizarles estas agresiones y por lo tanto se agreden ellos mismos. Cuando encuentran personas, lo que es un progreso para sus vidas solitarias y una posibilidad se salir de ese encierro pesadillesco, éstas se horrorizan pero después consienten en practicarles pequeños actos que no son suficientes y piden cada vez más. Se afirma que el masoquista sexual se identifica con su verdugo, se siente ruin y precisa que el otro le castigue. Las mujeres que aceptan con amor y resignación las humillaciones a las que su marido sádico las somete presentan un masoquismo encubierto.

Las parafilias generalmente despiertan curiosidad en los profanos, ya que la gran mayoría rechaza dichas conductas extravagantes y raras. Enseguida se descubre la parte siniestra, la soledad y la obsesiva búsqueda del dolor donde tiene que reinar el placer, aparentemente incompatibles aunque indisolublemente unidas en el masoquismo sexual. Se diferencia el masoquismo sexual del masoquismo como rasgo de personalidad.

Sadismo sexual:

Es una parafilia específica en la que se modifica el acto sexual por la erotización del dolor, en la que el placer que se obtiene proviene del sufrimiento ajeno.

El criterio diagnóstico exige dos condiciones: -Durante un periodo de al menos 6 meses, fantasías repetidas y muy excitantes, impulsos sexuales o comportamientos en los que el sufrimiento físico o psicológico (incluyendo la humillación) de la víctima es excitante sexualmente para el individuo. - Estas conductas generan malestar clínicamente significativo o deterioro laboral, social o de otros planos importantes de la actividad del individuo.

Existen diferentes grados. Desde el que evoca fantasías sádicas en el acto sexual, en las cuales el individuo controla a una víctima aterrorizada por la situación amenazante pero no las realiza, pasando por obtener víctimas que consienten ser agredidas, hasta someter contra su voluntad a sujetos. Hay veces que los actos llevados a cabo en la realidad son muy siniestros y complejos.

Estas fantasías sádicas o actos pueden ser: atar a la víctima con los ojos vendados a la cama o contra un objeto firme, darle una golpiza, pincharla o perforar el cuerpo con objetos punzantes, quemarla con cigarrillos, aplicarle descargas eléctricas, intentos de estrangulación, hacerle cortes, obligarla a arrodillarse, a comer excrementos, encerrarla en una jaula y finalmente el homicidio. La violación violenta forma parte de los actos sádicos posibles.

Cierta agresividad compone las actividades sexuales normales, en el sadismo sexual dicha agresividad es excesiva y responde a otras causas. El psicoanálisis reconoce algunos componentes sadomasoquistas en todos los seres humanos pero su expresión es regulada por la resolución adecuada de los conflictos de la fase anal-sádica del desarrollo psicosexual, así como la elaboración de las situaciones agresivas traumáticas a las que el infante estuvo expuesto. Por la identificación con individuos agresivos o con sujetos agredidos que desean vengar, cuando llega a la adolescencia y a la etapa adulta, la persona adopta conductas sádicas.

El sádico suele ser masoquista sucesivamente o al mismo tiempo. Se manifiesta que el sádico se identifica con su víctima, hay veces en las que se siente culpable de sus actos e inconscientemente tiende a volver su agresividad contra sí mismo. Aunque no es frecuente el sentir culpa porque pueden portar trastornos de la personalidad severos, con antecedentes infantiles y adolescentes de frialdad y violencia con animales, niños y mujeres. Las parejas sadomasoquistas de menor manifestación disfrutan mirando películas de terror o de violencia sexual o por usar ropas de cuero brillante y negro, que son símbolos de poder y autoritarismo, etc.

Por falta de estímulos de humillación y violencia el sádico sexual puede padecer de disfunciones sexuales pero las fantasías sádicas actúan como disparador para provocar la respuesta que se desea. Es raro que un sádico consulte al médico aunque sí lo hace su pareja aterrorizada por las cosas monstruosas que le propone, ha tratado hacerle o inclusive le ha hecho en contra de su voluntad.

Las fantasías sexuales sádicas suelen comenzar en la infancia y los actos comienzan a la edad adulta joven. El curso suele ser estable aunque los periodos de depresión o estrés pueden hacer que aumente el deseo de avanzar en prácticas cada vez más violentas hasta el fallecimiento del partener inclusive. La tanatofilia de los sádicos hace que cada acto sea una antesala o una amenaza de homicidio. El "scarfing" es la excitación sexual por reminiscencias del goce de muerte por estrangulación que provoca al sujeto el observar un pañuelo, bufanda, etc. alrededor del cuello del otro.

El nombre de esta parafilia proviene del asignado por Krafft-Ebing, inspirado en la obra del Marquès de Sade o Donatien Alphonse Francois (1740-1814).

"A la mujer le gusta que se la castigue un poco en el sexo". Hay personas a las cuales les resulta placentero que su pareja les provoque dolor.

El masoquismo es una práctica íntima, por eso es muy difícil saber la cantidad de hombres y mujeres que practican este tipo de parafilia.

En la humanidad el comportamiento sexual se ve afectado por la esfera de lo social. Por lo tanto el masoquismo, en algunos casos, aparece por tendencia personal o porque la cultura así lo condiciona.

Cabe mencionar que dicha parafilia es admisible siempre y cuando no haga daño a ninguna de las dos partes y estas sean responsables de sus actos.

En una relación sexual puede haber conductas que provoquen un dolor leve y placentero, ya que uno no asocia dolor con placer, y que pueda llegar a resultar excitante para la pareja; como ser: palmadas suaves, mordiscos, leves tiradas de pelo, entre otras.

20- Acoso sexual

"El acoso sexual no es delito". "Aprobación por el Senado del Proyecto de Ley para prevenir y sancionar el Acoso Sexual tanto a nivel laboral como educativo".

El acoso puede convertirse en una dominación sexual contra la voluntad de la otra persona. En el existen reiterados insultos relacionados a la esfera de lo sexual. En algunos casos el atrevimiento alcanza el acercamiento corporal.

Tiene que ver con una forma de presión generalmente ocurre en el trabajo y el más frecuente es el que comete un superior sobre una mujer. Es allí donde aparecen las exigencias, la manipulación y la extorsión a cambio de conservar el trabajo. El acoso sexual es un acto de dominio y poder. Este perfil de hombre ve a la mujer como un objeto sexual. Dichos hechos son vergonzosos y denigrantes para la mujer, la cual en varias oportunidades llega al punto de renunciar a su empleo.

21- Machismo

Sabemos que la gente piensa…

"Las mujeres prefieren al hombre de pene grande". Esto no es así… ningún extremo es bueno. A la mujer muchas veces le provoca dolor un pene grande y se sabe que, generalmente, el dolor y el placer no van juntos; es más en ocasiones se puede llegar a sufrir un desgarro. En estos casos se aconseja que el hombre no penetre profundamente, lo que pude hacer es rodear la base del pene con su puño y que la mujer permanezca sobre él durante el coito. Está demostrado que no hay relación entre el tamaño del pene y su capacidad para dar placer, hay una frase popular que dice: "más vale chiquita y juguetona que grande y bobona". De todos modos la mayoría de los varones desean un pene grande, es más el tamaño suele ser motivo de competencia. Los penes pequeños son objeto de burla. Esto puede deberse en parte al hábito que tienen las prostitutas de halagar al hombre, que contrata sus servicios, con el tamaño y la rigidez de su pene; de hacer que escuche lo que desea oír. Es por eso que también el mercado les ofrece a los hombres cremas y elongadores de pene, muchos varones utilizan estos productos pero en realidad no solucionan lo que ellos consideran un problema. Hay casos en los que el varón se acompleja y se siente inferior de tal manera que puede llegar a padecer una disfunción sexual y todo por ignorar cierta información al respecto, por el manejo de información errónea a lo largo de la historia que se transmite de generación en generación alcanzando a formar parte de la persona. Creo firmemente que pueden llegar a ser más perjudiciales los conceptos mal manejados y/o equivocados que el desconocimiento en sí mismo. Por lo tanto, no nos cansamos de decir que, es indispensable la educación sexual. La gran mayoría de las mujeres no tiene que fantasear con penes gigantes para excitarse. Además generalmente los penes en estado de flacidez tienen diferentes medidas pero en estado de erección los penes pequeños logran la medida de los grandes. Es importante saber que la vagina se puede dividir en tres tercios, solo el tercio exterior es sensible (esto se puede comprobar usando un tampón); por lo tanto varias mujeres prefieren más el grosor que el largo del pene. Es por eso que en algunas culturas se usan anillos en el pene e inclusive en el siglo XIX había javaneses que se ponían piedritas debajo del prepucio.

"Los facheros son los que ganan con las mujeres". No se puede caer en la generalización. Cada persona es única, por lo tanto posee una subjetividad irrepetible. No todas las mujeres son atraídas por hombres "facheros". Existe algo que se llama juego de la seducción, en donde entran en escena otros ingredientes que no tienen que ver con lo físico ni lo exterior y que encantan; estos pueden ser: la voz, la mirada, la sonrisa, un gesto, el olor de la piel humana, un perfume, una canción, un acercamiento ligero con el otro cuerpo, la ropa, y hasta el propio entorno. También el misterio, la experiencia y la sorpresa seducen, como además el poder y el dinero; se dice que ambos son afrodisiacos, al igual que las caricias. Cuando dos personas se atraen hay factores psicobiologicos y socioculturales que hacen que se escojan ambas personas. No son todas las mujeres a las que les atraen los varones llamados comúnmente "metrosexuales" (carilindos, altos, musculosos, depilados, etc.); hay a quienes las seduce, les resulta atractivo y sensual el "anti galán": humilde, sencillo, inteligente y de perfil más bajo.

"La mujer es una fracasada si no se casa". Hoy en día las cosas han cambiado ya el proyecto de vida de la mujer no es solo casarse y tener hijos. El formar una familia puede formar parte del mismo pero no lo es todo. La mujer ya no considera el casamiento como un deber, como un mandato social, ni como una causa; sino como una consecuencia y el fracaso (en todo caso) lo relaciona a sus logros personales y/o profesionales. Aunque sí es cierto que aun en determinadas clases sociales para la mujer es un logro muy importante el casamiento.

"El condón disminuye la sensibilidad en el coito, sobre todo en el varón". Existen en el mercado preservativos de látex muy finos que prácticamente no se perciben cuando se utilizan ya que cuentan con acuosos lubricantes. Es verdad que la espontaneidad se pierde e influye, de manera negativa, en la excitación de la mujer pero nada que no se pueda revertir con determinados juegos: como que sea la mujer la que le coloque el preservativo al hombre (ya sea con las manos o con la boca) siendo estimulada simultáneamente por el varón.

“La mujer siempre tiene que estar lista si el hombre quiere: deber conyugal”. Deber conyugal, entre otras cosas, es respetar a la mujer. La misma tiene derecho a decidir si quiere o no tener relaciones sexuales en un momento dado; no tiene por qué estar siempre dispuesta (si no lo desea) y sometida al hombre y en caso de ser obligada estaríamos hablando de una violación. No es no y punto.

“Si la mujer está a solas con el hombre es que quiere sexo”. “Si la mujer acepta caricias no se puede negar al coito”. Se puede querer y necesitar intimidad, privacidad tranquilidad, contacto físico, cariño y no por eso: sexo. En cualquier momento se puede decir que no y se debe respetar.

“La vagina dilatada de la mujer es debido a mucha actividad sexual”. La vagina es una cavidad virtual. Digamos que la misma se amolda al tamaño del pene y en todo caso su dilatación pude relacionarse a si la mujer tuvo partos o no. Quizá lo que suceda es que se confunda una vagina muy lubricada, lo cual puede hacer que la penetración no sea tan placentera sobre todo para el varón, con una vagina dilatada.

“La mujer no tiene nada que enseñarle al hombre”. Existen cuatro pilares fundamentales y son los siguientes: Reproducción responsable; Placer compartido; Comunicación sexual; Comunicación en el amor.

En cuanto a la comunicación sexual, específicamente, podemos decir que el tiempo al igual que el amor es un afrodisiaco. La importancia del amor como afrodisiaco es imprescindible para la comunicación sexual. El varón que cree que “los juegos previos” son una pérdida de tiempo para él, pero necesarios para su compañera, no conoce la amplia gama de sensaciones placenteras que podría llegar a experimentar.

El error de pensar que el hombre es el que posee el conocimiento en materia sexual, el que sabe todo y la mujer poco o nada, puede llegar a tener consecuencias graves para el desempeño sexual.

Es la mujer la que atraviesa las mayores dificultades para alcanzar las etapas de la respuesta sexual en un periodo de tiempo similar al del hombre por cuestiones culturales. Ella maneja la actividad sexual. Establece cuánto debe durar y de qué manera tiene que realizarse el “juego preparatorio”. Determina cuándo ha de darse la penetración. Fija la profundidad, la intensidad y el ritmo de las envestidas pelvianas del varón por medio de sus movimientos pelvianos. Sugerirá al hombre el momento del orgasmo. Es ella la que puede seguir el coito sin periodos refractarios como en el varón.

Las necesidades de caricias previas al coito varían para la mujer y no existe un manual que logre abarcarlas a todas ni que consiga establecer qué es lo que deba hacerse en cada caso. El trabajo es individual, es intentar descubrir al otro lo que personifica el vínculo haciéndolo propio y exclusivo. La idea no es formar personas de respuesta sexual estandarizada, listas para eficientemente reaccionar con el otro. Alcanza con que la pareja funcione armónicamente y la experiencia obtenida anteriormente servirá para facilitar, si se quiere, la relación sexual pero además para entorpecerla en ocasiones. Lo que hay que saber es que el ser humano es diverso, no pre programado ni instintivo y que su órgano sexual más importante y definitivo es su cerebro.

La experiencia sexual no asegura un buen sexo con cualquier persona. Siempre se puede aprender algo nuevo, y enriquecedor para la pareja.

"Los varones no deben demostrar ciertos sentimientos". Esta creencia hace referencia a una frase hecha y repetida principalmente por los padres: "no llores que pareces una nena, no seas maricon" lo que genera que niños y luego hombres se tengan que controlar: "los hombre no lloran". La sociedad ha hecho que varones no manifiesten ciertas emociones ya que de lo contrario van a ser tratados de menos hombres y poco fuertes, cuando en realidad hay que tener valor para no fingir y esconderse para llorar. Además si supieran, hombres, que las mujeres los prefieren expresivos y sensibles.

"Las mujeres envidian el pene del varón". La "envidia del pene" se propaga en la sociedad machista. La mujer machista no está conforme con su sexo. Para ella la mujer es "chata", no posee nada entre las piernas, los genitales femeninos son feos y cuando es madre de mujeres esto es lo que les transmite a sus hijas. Sin embargo, el nacimiento de un varón es motivo de celebración en el círculo familiar. Estas madres machistas ven preciosos, con orgullo los genitales de sus hijos varones y es común que los mismos sean expuestos. Para estas mujeres el falo es el órgano primordial.
Psicológicamente hablando, la niña envidia el pene del varón (más bien a nivel inconsciente) cuando atraviesa la fase fálica (falo/pene); etapa evolutiva, entre los 3 y los 5 años.

“La mujer solo debe apuntalar y celebrar los triunfos del marido”.

“Deja que me levante.

No quiero ser tu sombra”.

La mujer en la actualidad busca su propia realización, brillar por su propia luz y no ser “la mujer de”; además de poder lograr su independencia económica.

“Sólo los hombres son machistas”. Sí existe la mujer machista y es la siguiente: la que generalmente aguarda que el varón que la conquista sea fuerte, como también protector, defensor y un poco castigador con ella. Además este tipo de mujeres se caracterizan por ser tolerantes con los desaciertos de su pareja y por esperar que la misma la engañe con otra persona. Dicha mujer en su rol de novia es sumisa y se mantiene virgen para su novio, el cual “al ser hombre tiene necesidades y por lo tanto puede tener relaciones con otras”. A estas “otras” mujeres se las considera que “no son para casarse”. Lo único que requiere la novia machista es que su novio no se exponga con otra mujer.

“Las mujeres son menos infieles que los hombres”. Hay quienes dicen que las mujeres no son menos infieles que los hombres pero son más inteligentes al momento de engañar.

Hay veces en las que se piensa que la mujer que es infiel se está burlando de su pareja y no es bien vista, sin embargo en el caso del hombre la sociedad es más flexible.

En los varones la infidelidad va más por el lado de lo físico, de lo carnal, de una descarga fisiológica sexual. Mientras que en la mujer es más común que hayan sentimientos de por medio.

Generalmente las mujeres asocian la infidelidad de su pareja con la falta de amor pero el varón, la mayoría de las veces, tiende a compararse físicamente con el tercero en discordia.

“Los conflictos de pareja se arreglan en la cama”. Los hombres piensan que las peleas de pareja se arreglan en la cama. Sin embargo la mujer necesita arreglar los problemas para después hacer el amor.

Este mito muestra cómo es la mujer la que regula el ritmo erótico de una pareja.

Es más, sucede que tras discusiones cargadas de reproches y sin poder llegar a un arreglo ambos se sientan mal pero el hombre con la creencia de que el sexo todo lo va a solucionar. Sin embargo cuando él busca un acercamiento, la mujer se enfada ya que considera que antes hay que hablar.

"Las mujeres maduras no pueden amar a hombres jóvenes, en cambio los hombres sí". Hay diferentes creencias entorno a este tema. Existen quienes creen que un varón joven que está en pareja con una mujer mayor es también una víctima sometida por ésta. El deseo sexual y la frescura del joven despiertan celos en la pareja demandando todo el tiempo a su lado, literalmente, dándole cariño y haciéndola sentir segura. Piensan que el varón en estos casos es "rebajado" y dependiente tanto a nivel económico como afectivo (de esa manera se lo hace sentir el otro), afectado en su salud y que si se contrae matrimonio es solo por interés económico. Estos hombres jóvenes hacen un mal uso de los bienes de su esposa y son capaces de llegar a maltratarlas.

Pero además están los que consideran que hay una ventaja en casarse con una señora mayor: el esposo menor no será víctima de infidelidad.

Según estadísticas, se podría decir que, son más los hombres mayores que se casan o mantienen una relación con mujeres jóvenes que mujeres mayores con hombres jóvenes. Además las mujeres a diferencia de los varones no se relacionan con hombres muy jóvenes, quizá sea por una cuestión cultural ya que históricamente el varón tendía a ser mayor por lo menos un par de años que la mujer. También sabemos que los estereotipos de belleza masculina son fáciles de alcanzar por un hombre mayor, no así en el caso de la mujer.

A lo largo de la historia ha habido mujeres mayores famosas que han tenido parejas jóvenes, grandes amores y relaciones duraderas.

Podemos pensar que hoy en día la diferencia de edad, en la pareja, ha dejado de ser un problema. Los adultos mayores han logrado rejuvenecerse no solo físicamente sino intelectual, afectiva y sexualmente. Y el tener una pareja joven los hace sentirse jóvenes, los hace revivir su juventud; además de que el modelo de belleza se asocie a la juventud. Además hay personas a las que les cuesta más aceptar el paso del tiempo y disfrutar de lo que cada etapa tiene para ofrecer.

La naturaleza humana es también antropológica. No se puede impedir la muerte pero sí mejorar la calidad de vida, es también una cuestión de actitud. "Envejecerás como vives".

“Si no tiene hijos no es mujer”. Mujer y maternidad no son sinónimas. El ser madre es una elección, la cual cada vez puede llegar a ser más cuestionada debido a la vida que lleva la mujer de hoy, a su trabajo, profesión, etc., lo cual conduce a plantearse si es posible o no la maternidad y sobre todo planear en qué momento en función de lo mencionado anteriormente.

Hoy en día la maternidad puede ser (o no) un gran anhelo, una prioridad, una necesidad, una vocación, formar parte de la vida pero casarse y tener hijos no lo es todo.

22- Crítica al amor romántico

El amor es una manera de mantener ocupadas y organizadas a las personas cumpliendo las mismas metas: ser madres, padres, tener una casa, convivir (para esto tener un trabajo estable), viajar una o dos veces por año, tener un auto, el coito heterosexual como la única forma de experimentar placer, etc. Todos y todas deseamos más o menos lo mismo, los deseos se reducen a unos pocos. Son producidos por este sistema heterocapitalista y patriarcal. Es una forma de disciplinamiento social y establece un orden cristalizado de la sociedad.

"El amor" está reglamentado, altamente regulado por el estado porque de lo contrario existen otras prácticas que son peligrosas para el orden.

No es casual que todos más o menos suframos por lo mismo, se establece hasta una manera de "sentir" e incluso hemos llegado a naturalizar el relato único del amor romántico.

Ha sido la mejor campaña de la historia. Nos han hecho creer que escogemos nosotros. Sobre todo a aquellos que más o menos encajamos en el modelo hetero y monógamo.

La manera de presentar estas prácticas como algo "natural" se refuerza a través de todo un aparato semiótico que reproduce los mismos discursos (Hollywood, películas de amor, pornografía, publicidades, revistas, redes sociales, Disney, marcas de ropa, fotografía, etc.). También a través de la propagación del discurso de la mononorma que se presenta como única forma de armar pareja o de vincularnos sexo-afectivamente. Además de distintos mitos que se desprenden de ello: "encontrar a la media naranja", "el amor todo lo puede", "si me cela es porque me quiere", "si duele es amor verdadero", "si hay exclusividad sexual y afectiva es porque hay amor", "somos uno" (entre los dos), "si no discutimos y estamos siempre de acuerdo es porque hay amor" y el mito de la convivencia y el matrimonio; a veces estamos más comprometidos con esa regla que con cuidar a la persona con la que estamos.

La pareja es una "sociedad para la vida". Una persona no puede crecer a costa de su pareja sino al lado de ella y con ella.

Existen tres tipos de parejas:

Parejas incompatibles, restan sus esfuerzos

Parejas sin amor, apenas suman (simple sociedad)

Parejas con amor, multiplican

Terribles reflexiones sobre la mujer:

- El adulterio de la mujer es mucho menos perdonable.
- La mujer no está destinada para grandes trabajos de inteligencia ni materiales.
- Ella es más silenciosa, más insignificante y dulce, sin ser por su naturaleza mejor o peor que el hombre. Cuida y educa mejor a los infantes. Se considera un adorno por tener un instinto de segundo papel.

La visión de la Sexología y de la vida con perspectiva de género ha enriquecido y completado la comprensión de la humanidad, hoy se reivindica como necesario y obligatorio.

Ellen Key fue una de las primeras mujeres en cuestionar los roles de género y escribir al respecto. Nació en 1849, en Suecia. Escritora. Impartió clases de orientación feminista. Trabajó como profesora en una pequeña escuela exclusiva para mujeres en Estocolmo. Su enfoque era crítico de la forma en que la educación reforzaba los roles de género establecidos. Su acercamiento a la lectura hizo que se cuestionase los procesos evolutivos. Intentó fundar una universidad para mujeres en Estocolmo pero no lo logró. También fue docente en el Instituto obrero. Su texto: *"El siglo del niño"* actualmente sigue utilizándose en las escuelas de pedagogía. En 1903 publicó *"Amor y Matrimonio"*, en este libro demandaba el abierto reconocimiento de la vertiente sexual del amor incluyendo el placer sexual de la mujer. El trabajo de Key fue el fundamento para las luchas que continúan, no solo en términos de educación sino de igualdad de género.

23- Religión y Sexualidad

"La mujer religiosa no disfruta del sexo". Sabemos que dichas mujeres en primer lugar asocian el sexo con la reproducción, siendo muchas veces la maternidad su principal prioridad. De hecho la iglesia no aprueba los métodos anticonceptivos artificiales y promueve la unión del casamiento como primer paso para tener hijos.

Se ha investigado qua a mayor religiosidad se valora más la virginidad, se censura la pornografía, se siente más culpa y vergüenza ante conductas sexuales y no hay una gran aceptación de la masturbación y la homosexualidad. Se ha demostrado que los cristianos son los más conservadores.

A su vez los individuos sin religión son más liberales y viven una vida sexual más placentera.

La familia tal como los establecimientos educativos y religiosos vigila el comportamiento sexual a través de la estigmatización y el castigo. En el proceso de socialización estos controles son internalizados como normas morales y se transforman en juicios de autorregulación. El aumento de la conducta sexual prematrimonial y la liberalización de las actitudes, en general, a lo largo del siglo XX indican que estos controles de la familia y la religión han perdido fuerza. También se mostró que se aceptaba más al hombre homosexual que a la mujer lesbiana. Es por eso que se subrayaba la importancia de tener en cuenta las creencias religiosas al estudiar los comportamientos sexuales por los matices explicativos que introducen.

Se ha visto además que individuos que provenían de familias monoparentales mostraban los modos más liberales y cometían más prácticas sexuales de riesgo. Mientras que los que venían de familias tradicionales tenían menos actividad sexual. De estos estudios se concluye que la religión establece creencias y una identidad social de mucho peso en la sexualidad. La frecuencia y la fe con que se realizan las prácticas son las variables religiosas más estudiadas.

Sin duda estamos atravesando una crisis religiosa con un abandono de los cultos tradicionales ante visiones ateas o personales, donde las creencias religiosas pierden protagonismo en la formación de la persona.

24- Deporte y sexualidad

"Los deportes aplacan la sexualidad y viceversa". Diferentes estudios dicen que 15 o 20 minutos de ejercicio moderado pueden aumentar considerablemente la producción de testosterona en el organismo, mientras que un ejercicio prolongado (como una maratón) puede reducirlo. Claramente los cambios propiciados por el ejercicio pueden afectar el interés por las relaciones sexuales. Un estudio realizado en la Universidad de California mostró que aquellas personas que realizan ejercicio físico un promedio de 40 minutos diarios tienen el doble de actividad sexual y aproximadamente el doble de deseo sexual que aquellas personas que dedican 20 minutos diarios a ejercitarse en disciplinas como caminar o correr y ni hablar en comparación con los que llevan una vida totalmente sedentaria. Por lo tanto, el ejercicio físico es bueno para mejorar la vida sexual en pareja. Sin embargo es común que se crea que los deportistas, como gastan una gran cantidad de energía, deban tener una vida sexual limitada para no fracasar como profesionales. Se puede ver que previo a una competencia el deportista se deba "concentrar": desvincularse de estímulos exteriores y de las actividades sexuales, principalmente si es varón, ya que existe la idea equivocada de que el semen es energía pura. Estudios científicos han demostrado que el gasto calórico de un coito no es elevado y la reposición de energía se logra tan solo con una taza de leche y una galleta grande o con tres galletas grandes. También se demostró en un estudio realizado con deportistas que su rendimiento no había variado mucho entre quienes habían mantenido relaciones sexuales en dos oportunidades la noche anterior y entre quienes habían tenido relaciones sexuales en la mañana en una ocasión una hora antes del test. Por lo tanto, la prohibición de relaciones sexuales antes de las competiciones carece de bases fisiológicas y científicas. Hay quienes aconsejan la actividad sexual un día después y dos días antes de la realización del esfuerzo máximo y no una abstinencia de más de 20 días. Hay que respetar los periodos naturales de recuperación y descanso. Otra investigación demostró que 10 horas de abstinencia sexual previa a la competencia eliminan los problemas y son suficientes y que una privación de la vida sexual puede ser perturbadora psicológicamente con el tiempo. Personajes destacados a lo largo de la historia han brindado sus testimonios contribuyendo así a derribar este mito. Han dado cuenta de su buena vida sexual y de la compañía de sus esposas en las competiciones obteniendo resultados positivos en las mismas. Cabe mencionar que más allá de la generalidades que puedan existir cada persona es un ser individual y único, que por lo tanto goza de subjetividad y que con el conocimiento de sí sabrá que es lo mejor en su caso. Lo que puede inhabilitar el máximo rendimiento no es el coito en sí con su pareja estable sino cuando el deportista mantiene relaciones sexuales con personas desconocidas en ocasiones siéndole infiel a su lejana pareja. Se sabe que el desgaste físico y emocional es el doble en estos casos, ya que la experiencia pasajera lleva a someterse a sobreesfuerzos físicos y emocionales estresantes y al consumo de drogas (en algunos casos). Estudios cardiológicos demostraron que la muerte durante el coito es común en los moteles y no en el hogar.

Además si el deportista cree que el coito debilita, por sugestión, se siente más débil y rinde menos. Existen quienes consideran que sobre todo para los deportistas jóvenes una descarga masturbatoria puede ser beneficiosa para su rendimiento deportivo porque alivia tensiones. Si la actividad sexual previa a la competencia es muy relajante puede disminuir además la agresividad. Se recomienda tener una vida normal las 24 horas antes (incluyendo la vida sexual). La actividad sexual no constituye un ejercicio corporal pero el mejoramiento del estado físico sobre todo a través del ejercicio mejora la frecuencia y calidad de las actividades sexuales ya que erotiza a la persona, le mejora la autoimagen y le aumenta la autoestima.

25- Alcohol y sexualidad

"El alcohol es afrodisíaco siempre". El alcohol es un gran estimulante. En un primer momento actúa como un vasodilatador que calienta al cuerpo y desinhibe verbalmente, etc., consumiendo ciertas cantidades. El problema está en que el alcohol produce tolerancia. Sin embargo, a las personas que beben en grandes proporciones continuamente les sucede lo contrario: se sienten frustrados.

Se ha demostrado que el alcohol en adolescentes, de ambos sexos, disminuye la testosterona y la hormona del crecimiento. Como consecuencia el consumo puede provocar atrofia testicular y disminución de los espermatozoides. Además algunas bebidas favorecen la feminización porque contienen fitoestrogenos. Con el tiempo la ingesta de alcohol disminuye la producción de oxitocina, la cual forma parte de la respuesta orgásmica en hombres y mujeres. Entre los bebedores hay una alta frecuencia de anorgasmia.

Un consumo bajo de alcohol tiene un efecto poco intensificador del deseo, la exitabilidad y la erección. Mientras que un alto consumo suprime levemente la erección. Además el exceso del mismo puede provocar una eyaculación retardada, lo que hace que a algunos hombres les resulte atractivo pero hay que tener cuidado con esto ya que en otros casos puede provocar la no eyaculación o hasta efectos contrarios como una eyaculación precoz.

En la mujer puede generar menor intensidad orgásmica y retraso del orgasmo, bloqueo de la respuesta sexual como también de la ovulación.

Los daños del alcohol sobre la sexualidad son poco mencionados en las campañas de prevención. El mito de que el alcohol mejora la actividad sexual se basa en lo siguiente: la expectativa de un mejor desempeño sexual, la cual aumenta la seguridad, y la respuesta des inhibitoria al consumirse en bajas cantidades.

También se corren riesgos, ya que bajo el efecto del consumo agudo las relaciones sexuales pueden ser llevadas a cabo sin protección teniendo como consecuencia embarazos no deseados y enfermedades de transmisión sexual.

Acerca de la respuesta sexual, en el varón puede provocar episodios de eyaculación retardada y disfunción eréctil, disminuir la testosterona y por ende el deseo sexual (en ambos sexos) pudiendo llegar a generar una andropausia temprana en el hombre. Los efectos sobre la respuesta sexual pueden ser permanentes.

En la mujer por el consumo de alcohol pueden llegar a darse inconvenientes en la excitación y en el orgasmo ya que la ingesta de dicha sustancia provoca pérdida de sensibilidad. También puede provocar infertilidad y menopausia precoz.

Además dicha sustancia es protagonista de muchos episodios de violencia doméstica y sexual, e incluso hasta de violaciones. En el consumo prolongado la violencia se torna habitual.

El alcohol por su efecto prenatal es considerado una sustancia que puede establecer: malformaciones cardíacas, óseas y oculares, dimorfismos cráneo-faciales, disminución del crecimiento intrauterino mantenido en etapa postnatal, alteraciones neurológicas, trastorno del aprendizaje, trastorno del control de impulsos, desinhibición sexual severa y conductas antisociales.

Por lo tanto, claro está que, esta droga no es afrodisiaca siempre. Puede llegar a jugar más en contra que a favor y que los excesos-extremos no son buenos. ¡Salud!

26- Marihuana y sexualidad

"El consumo de marihuana no afecta la sexualidad". Existen estudios que demuestran que el consumo de marihuana disminuye los niveles de testosterona y puede ocasionar un aumento de espermas anómalos. En la mujer puede causar alteraciones en el ciclo menstrual. Las drogas pueden afectar el deseo, la excitación o el orgasmo. Además el consumo en niveles altos provoca la pérdida de conexión con el otro.

Si bien en bajas dosis puedan llegar a acrecentar el deseo sexual, a largo plazo las consecuencias terminan perjudicando de manera significativa la respuesta sexual en ambos sexos. Desde hace mucho tiempo la mujer y el hombre han buscado recursos para aumentar su placer sexual: alimentos, plantas y obviamente drogas (sintéticas o naturales).

La principal motivación para consumir sustancias al momento de vivir la sexualidad es el deseo de experimentar emociones y sensaciones nuevas o el sentirse inseguros o inadaptados.

El efecto psicológico (placebo) de las drogas, en relación a la esfera afrodisíaca, aumenta la fantasía de la persona.Varias drogas disminuyen el deseo sexual. Aunque, que una droga aumente el deseo sexual de un individuo no quiere decir precisamente que mejore su placer o su desempeño sexual.

En cuanto a los efectos de las drogas sobre la excitación de la mujer existe menos información que en el caso del varón, ya que la excitación se hace más notoria con la erección del pene. En ambos casos la excitación sexual es necesaria previo al orgasmo.

El términos marihuana se refiere a la sustancia psicoactiva que es consumida de la planta cannabis sativa con fines recreativos, medicinales y religiosos. Según la Organización de las Naciones Unidas se trata de la sustancia ilícita más utilizada en el mundo.

El compuesto químico psicoactivo que predomina en el cannabis es el THC. El cannabis contiene más de cuatrocientos compuestos químicos distintos.

La marihuana (al igual que el alcohol) tiene efectos depresores, deshinibitorios y es considerada como un relajante (físico y mental) que produce bienestar. Debe ser por esto que algunos sujetos hablan de lo beneficiosa que es la marihuana para afrontar la ansiedad relacionada al comportamiento sexual. La desinhibición logra que se evadan los tabúes personales y los prejuicios sociales. Otros efectos inmediatos son el aumentom de la sensibilidad táctil y la distorsión de la realidad.

Sin embargo, estudios prueban que el consumo frecuente reduce el deseo sexual y produce disfunción eréctil. La sugestionabilidad y las expectativas del consumidor, al igual que con el consumo de alcohol, pueden llegar a ser muy importantes. Existen casos de disminución de la lubricación vaginal, con la dificultad del coito doloroso (dispareunia).

El cannabis al ser consumida por vía oral puede llegar a provocar delirio y pánico. Individuos que consumieron marihuana mantienen que puede promover la sociabilidad. De cualquier manera puede generar la sensación de aumento de la percepción auditiva y visual, dependiendo de cada uno e inclusive de la planta en particular ingerida. Volviendo a la esfera sexual en ocasiones el consumo favorece la intensidad del placer sexual, en cambio en otras oportunidades surgen las disfunciones sexuales provocadas por sustancias: en el varón provoca eyaculación retrasada, llegando a casos de anenyaculación (no eyacular). En la mujer provoca anorgasmia.

El consumo de marihuana se ha estudiado que se relaciona con la ansiedad, depresión y psicosis, además de crisis de pánico; independientemente de si se sigue consumiendo o no. Es considerado que los ocasionales consumidores de marihuana tienden a almacenar el THC, ya que el mismo suele situarse en zonas ricas en grasa (como el hígado, las gónadas y el cerebro). Esta reserva suele relacionarse a dificultades: pérdida de memoria (provocadas por las cambios en el hipocampo) como además a otros problemas sexuales: en el varón oligoespermia (secreción escasa de esperma o insuficiente cantidad de espermatozoides en el semen) y en la mujer anovulación (no ovular).

Se calcula que se requiere aprox. un mes para que el THC sea eliminado totalmente del cuerpo en consumidores ocasionales. Mientras que se considera que los consumidores de cannabis crónicos necesitan muchísimo más tiempo para recobrar sus funciones cognitivas y que varios de los trastornos generados son crónicos, más que nada los comprobados sobre la concentración plasmática de hormonas sexuales. En las viejas culturas asiáticas el cannabis ha sido calificado como un afrodisiaco muy potente pero además hay registros de contenidos sagrados que la aconsejan para reducir el deseo sexual. Quiere decir que los efectos de esta droga están determinados por el temperamento, organismo, ambiente, intensión y cultura del consumidor. La clave para prever la manera en que el cannabis afectará la sexualidad está en la cantidad consumida.

27- Respuesta sexual

La respuesta sexual se puede dividir en las siguientes fases: deseo, excitación - meseta- orgasmo -resolución-. Dicha respuesta no es la misma en hombres y mujeres. En la mujer la respuesta sexual es cíclica (más compleja) mientras que en el varón la misma se desarrolla de manera lineal.

"Si se interrumpe el estímulo sexual, la mujer se recupera en seguida". La mujer demora en volver al punto de excitación en el que se encontraba previo a la interrupción, es más, muchas veces sucede que hay que volver a empezar a estimular la; esto no es así en el hombre.

"La mujer es más lenta para excitarse y para llegar al orgasmo". Respuesta ambigua (no y sí), fisiológicamente no hay diferencia entre la mujer y el varón. La mujer generalmente demora más en alcanzar la respuesta sexual por inhibiciones culturales y psicológicas, por lo que necesitan un estímulo señalado y prolongado.

Se dice que al cabo de que supere la represión sexual a la que es sometida crecerá la cantidad de mujeres que respondan con rapidez, como la mayoría de los hombres. A sí mismo, la respuesta sexual femenina es muy enriquecedora para la pareja.

"Distraerse durante el coito no afecta el placer obtenido". Si lo afecta, especialmente en la mujer en el sentido de que "la paraliza", le produce un paro sensitivo.

28- Hipersexualidad

La hipersexualidad, conocida popularmente como ninfomanía, es una conducta humana que se ha definido desde hace mucho tiempo como un deseo sexual excesivo. Se han considerado a estos desarreglos como mal adaptativos y conflictivos, atípicos; no parafilicos.

Según la Federación Latino Americana de Sexología y Educación Sexual - FLASSES la hipersexualidad es la frecuencia de funcionamiento desmedidamente alta lo cual altera el funcionamiento en otros planos de la vida (molestia personal y/o impedimento ocupacional y social).

Además se consideró el desorden hipersexual como un desbarajuste del apetito sexual con un elemento de impulsividad y con las siguientes formas de presentación clínica:

1. Masturbatorio
2. Pornográfico
3. Conducta sexual con adultos que consienten
4. Cibersexo

Los criterios para el diagnóstico son:

1. Haber vivenciado, durante los últimos seis meses, fantasías sexuales intensas y recurrentes o comportamientos sexuales relacionadas a tres o más de los criterios descritos a continuación:
2. El tiempo utilizado en fantasías o conductas sexuales influye reiteradamente en otras actividades, obligaciones o metas no sexuales.
3. Implicarse frecuentemente en fantasías o conductas sexuales como respuesta a estados de: aburrimiento, irritabilidad, depresión, ansiedad y a sucesos estresantes.
4. Reiterados esfuerzos por controlar esas fantasías o conductas sexuales pero sin éxito alguno.

5. Implicarse en comportamientos sexuales repetitivos sin ser consciente del peligro de daño emocional u orgánico para uno u otros individuos.
6. Las fantasías y conductas sexuales no son provocadas por el resultado directo de sustancias externas.

La adicción al sexo es el primer diagnóstico diferencial que tenemos que considerar. En dicha adicción lo que hace que se busque el encuentro sexual es más el alivio del malestar (ansiedad, preocupación) que la búsqueda de goce sexual, el comportamiento no es básicamente de índole sexual.

Podemos hablar de adicción al sexo si:

- El sujeto no es capaz de evitar determinadas conductas sexuales a su pesar.
- Existen fantasías y ansias sexuales repetidas.
- La vida de la persona gira en torno al sexo.
- Malestar emocional y efectos negativos.

La adicción es definida como una fuerte disposición desarreglada a implicarse en una manera de comportamiento que provoque placer como forma de calmar emociones tristes.

Las adicciones empiezan con un trauma temprano que lleva a la persona a experimentar ansiedad y vergüenza. La conducta sexual adictiva se despliega como medio de afrontar estos sentimientos.

Con respecto al origen de la hipersexualidad, se debe tener en cuenta la posibilidad de que exista una base orgánica.

La Neurobiológica ha planteado daño a nivel cerebral y del hipotálamo, demencia, abuso de sustancias, cirugías, etc. También puede deberse a una causa genética.

Para la Teoría Psicodinámica: la compulsión sexual incontrolable es un intento por recuperarse de vivencias sexuales desagradables en la infancia. No prevé efectos nocivos relacionados a este comportamiento.

Para la Sexología la hipersexualidad, en muchos casos, no es primeramente una estrategia para la búsqueda de placer sino un modelo de comportamiento al servicio de funciones no sexuales. Generalmente cumple una función compensatoria que ayuda al paciente a escapar de estados emocionales negativos temporalmente.

El sentimiento de culpa y la vergüenza perpetúan la hipersexualidad como origen profundo y aún más acentuado como resultado de optar por esta conducta sexual por encima del crecimiento personal y de los vínculos de pareja y/o sociales.

Ya establecida, difícilmente pueda ser controlada, exponiendo a dichos pacientes a un riesgo alto de perder su sentido de integridad y su propio respeto.

Esto se fortalece cuando la otra persona se impacta y confunde al conocer las conductas de su pareja.

La sexualidad es una función básica de la vida. La expresión sexual es personal y variada en su expresión compleja.

Desde épocas antiguas se ha visto que algunos individuos exteriorizan mayor frecuencia sexual al medirla con típicos niveles. Desde la concepción hasta la muerte la expresión de la sexualidad estará influenciada por factores bio-psico-sociales y culturales.

No existen técnicas de evaluación y tratamiento fundamentadas en demostraciones científicas que ayuden a tratar estos comportamientos con igualdad. Lo que si se ha aportado, de alguna manera, al mejor manejo de dichas conductas. Además, no todas las intervenciones actúan de la misma forma con diferentes personas. Se debe intentar hacer uso de todos los conocimientos para poder lograr el mayor beneficio de los pacientes.

"L@sobsesionad@s con el sexo son grandes amantes". Cabe decir que, cantidad no es calidad y que las mujeres prefieren lo segundo. En ocasiones hay hombres que se obsesionan con el sexo específicamente con el consumo excesivo de pornografía y es necesario aclarar que la misma no se refiere a la realidad, en todo caso podría llegar a ser una realidad distorsionada o de lo contrario una ficción editada.

En clínica es común que los varones manifiesten el deseo de que su pareja les realice "sexo oral del bueno" y ante la pregunta: "¿a qué le llama sexo oral del bueno?" la respuesta es la siguiente: "como lo hacen en las películas porno". Resulta que a las mujeres les puede provocar fastidio y rechazo este tipo de hombres.

Es común que el adolescente consuma pornografía, que la misma le provoque curiosidad pero siempre teniendo en claro que la relación sexual no es una película "porno". Este tipo de películas son una de las causas de disfunción sexual. Como también lo es el prostíbulo, que marcando un tiempo límite para la realización del acto sexual promueve en muchas ocasiones lo que llamamos eyaculación precoz (rápida).

"Si la mujer tiene más deseo que el varón está enferma, es ninfómana". Esta creencia hace referencia a una cuestión de género socio cultural.

La "ninfomanía" es en la mujer el deseo compulsivo de realizar el acto sexual, en el varón se le llama "satiriasis", es la necesidad de buscar sexo sin priorizar los gustos propios y la imposibilidad de controlar ese instinto o de distinguirlo del deseo sexual.
Dicho comportamiento no está motivado por la búsqueda de placer, no hay satisfacción.
Cabe decir que la "ninfomanía" no es frecuente.
La mujer que tiene una vida sexual activa, que puede ser multiorgasmica y/o sentir la necesidad, el deseo de tener relaciones sexuales todos los días no es "ninfómana" y no está enferma.

"Si queda insatisfecha con un orgasmo, es ninfómana". Las mujeres (no todas) pueden tener varios orgasmos en una relación sexual, lo cual no quiere decir que sean hipersexuales.

Esta capacidad va a depender del interés sexual y de la efectiva e incesante estimulación sexual.

Aunque la mayor parte de las mujeres alcanzan generalmente un orgasmo.

Sin embargo, el varón tiene un periodo refractario y es por eso que tiene que esperar un tiempo (el cual va a depender de cada hombre, del estado de salud y de la edad) para volver a tener una relación sexual. Llamamos periodo refractario al tiempo que ocurre entre la eyaculación y una siguiente erección.

La respuesta sexual masculina y femenina es similar, pero no igual.

29- Orgasmo

“El orgasmo de ambos debe ser simultáneo siempre”. Cuando son simultáneos, cada miembro de la pareja puede percibir “a medias” su orgasmo y “a medias” el de la otra persona. Cuando los orgasmos se disfrutan en tiempos no sobrepuestos en conveniencias de cada uno estamos sumando placer. La importancia del orgasmo es percibirlo.

“Las prostitutas siempre fingen el orgasmo”. No siempre, pero sí generalmente. Habitualmente les es indiferente el acto sexual. Padecen de una “congestiva pélvica crónica” que produce molestias, y de dispareunia (dolor en el momento del coito).

“La única manera normal de llegar al orgasmo es a través del coito”. En Sexología preferimos no utilizar el término: “normal” (qué es lo normal, normal para quién) como tampoco la palabra: “anormal”, siempre y cuando la/s personas no salgan lastimadas de determinada situación, ni se dañe a terceros (ni física ni psicológicamente). Todo es válido en materia sexual mientras la/las personas estén de acuerdo.
Eso sí, es importante insistir en que, según se ha investigado, la mayoría de las mujeres no tiene orgasmo a través del coito sin otro tipo de estimulación simultánea.

Además existen varias maneras de llegar al orgasmo, tanto en el hombre como en la mujer, que en ocasiones pueden llegar a ser incluso más placenteras y más eficaces.

“Está bien fingir orgasmos para complacer al varón”. La mujer tiene derecho a tener una vida sexual satisfactoria y a tener orgasmo, no tiene por qué mentirle a su pareja. La mujer puede fingir orgasmos y es difícil que la otra persona lo descubra, a diferencia del varón (que tiene orgasmo cuando eyacula generalmente) que es más notorio y visible. Existen maneras de darse cuenta si una mujer tuvo un orgasmo: luego del mismo el pezón pierde la rigidez y la zona de alrededor que previamente estaba arrugada deja de estarlo, también los labios menores y el clítoris posteriormente vuelven a su tamaño previo.

Es más hay mujeres que fingen no uno sino varios orgasmo en una misma relación sexual, lo que en ocasiones les resulta contraproducente ya que existen hombres que no saben manejar la situación y terminan rompiendo con el vínculo; cuando la mujer lo que buscaba con dicho comportamiento era todo lo contrario.

"Si no tiene orgasmo se tiene que resignar". Toda mujer es orgásmica. Afortunadamente existe un pilar fundamental para que esto sea solo un mito: la educación sexual, es preciso aprender a alcanzar el placer y a darlo. Además la mujer tiene que conocer (se) su cuerpo, explorar (se), como también poder comunicarle al otro lo que le gusta y lo que no. No hay que tener (se) miedo ni vergüenza. Hay que permitir (se) sentir (se) y perder (se) el control, pero no presionar (se).

Durante las relaciones sexuales alcanzar el clímax produce efectos positivos en nuestra salud física y mental. Ya sea tener orgasmos en pareja o en solitario (mediante la masturbación) mejora nuestra calidad de vida: mejora el estado anímico, el desempeño laboral, el manejo del estrés y la ansiedad (debido a la regulación de los niveles de cortisol), la autoestima, el sistema inmune y cardiovascular, y también la piel. Además ayuda a combatir el insomnio, el efecto de relajación posterior al orgasmo hace que liberemos tensión y así conciliar un sueño reparador. La incontinencia urinaria se beneficia con las relaciones sexuales ya que se fortalece el piso pélvico, lo que ayuda a evitar las pérdidas de orina al tener mejor control de estos músculos. Mejora la respuesta sexual por lo que además previenen disfunciones sexuales. La actividad sexual reduce el dolor, ya que durante el orgasmo se libera oxitocina y endorfinas que ayudan a aumentar el umbral del dolor. Estimula la producción de neuronas mejorando las capacidades cognitivas como la memoria. En la mujer, mejor vivencia de la menopausia. En el varón, reduce la probabilidad de desarrollar cáncer de próstata.

De todas maneras hay que saber que el cuerpo femenino posee muchas zonas eróticas y que se pueden vivir momentos intensos y placenteros sin buscar el orgasmo, el cual en ocasiones cuanto más se busca menos se encuentra. Es por eso que los Sexólogos nos referimos a relación o vida sexual satisfactoria y no a orgasmo. Si los encuentros sexuales son satisfactorios se va a seguir teniendo deseo, no así si eso no ocurre.

Insisto que el placer en la mujer depende también de aspectos socioculturales y religiosos.

“El orgasmo siempre es intenso y maravilloso”. En la mujer el orgasmo (orgánicamente hablando) es la contracción rítmica y simultanea del útero, la musculatura que envuelve la vagina y el ano. Las contracciones suceden en periodos de 0,8 segundos y la cantidad como la intensidad es diferente en cada mujer e inclusive en la misma puede variar. La frecuencia respiratoria y cardíaca y la presión arterial alcanzan su punto máximo.

Dicha respuesta suele ser placentera, subjetiva, plena y de todo el organismo.

Comúnmente se opina que el orgasmo se siente como una palpitación y un hormigueo intenso en la vagina y/o en el clítoris. Luego hay alivio de la tensión y una relajación.

Según estudios entre un 30 y un 40 % de las mujeres alcanza un orgasmo coital, sin otro forma de motivación simultánea.

“La mujer no necesita que se la estimule en el clítoris”. El clítoris mide aprox. 10 cm. y su mayor parte es interna. Tiene una parte exterior conocida como glande (al igual que el pene) y el capuchón es la capa de piel que lo protege. La mayor parte de las mujeres no tienen orgasmo solo con la penetración sino que precisan la estimulación del clítoris, el cual existe únicamente para el goce. Dicha estimulación correcta es imprescindible y se denomina: clitorizacion (con la mano) y cunnilingus (con la boca, sexo oral). En ambos casos la mujer tiene que estar lubricada y hay que empezar con suavidad, con movimientos rítmicos y de a poco aumentar la frecuencia y la presión. Además no se debe detener el estímulo, en caso de que el varón se canse una buena opción son los vibradores para el clítoris y además son los preferidos por las mujeres. En la clitorizacion se comienza acariciando la vulva para luego pasar al clítoris. Pero hay varones que no conocen su importancia y no saben cómo estimularlo.

30- Punto G

Es un órgano al que se considera zona erógena primaria.

En la mujer la estimulación es mayor en ciertas posturas coitales, como la de la mujer en postura superior, o manualmente y ayuda a producir el orgasmo. Una de cada 10 mujeres aprox. dice tenerlo. El punto G no es palpable hasta que se estimula.

"El punto G no existe". Sí existe.

El punto G es una especie de punto pequeño que se encuentra en la parte frontal anterior de la vagina (a 3 cm. de la entrada) y permite tener orgasmos más placenteros. Fue descubierto en los años 80 por el ginecólogo Grafenberg (es por eso que se le llama así), este descubrimiento marcó un antes y un después.

Dicha zona si es directamente estimulada empieza a avivarse, a dilatarse y puede desatar un orgasmo. Se dice que cuando se obtiene este orgasmo se produce una especie de eyaculación a través de la uretra similar a la masculina, pero que no tiene esperma, varias mujeres piensan que es orina pero no lo es.

En personas con pene a la próstata (glándula que genera el líquido seminal) se la conoce también como "el punto G". Muchas de estas personas se resisten al descubrimiento de este punto por creencias rígidas sobre la masculinidad. Este punto G se encuentra en el interior del recto, a 5 cm del ano aprox. y en la pared anterior que da hacia la vejiga.

Al tacto se siente como un bulto de 1 cm de espesor aprox.

Para que el punto G sea estimulado correctamente la penetración debe ser con un movimiento lento, continuo y parejo.

31- Disfunción eréctil y vejez

La disfunción eréctil en el hombre constituye un síndrome de una enfermedad biológica, psicológica y/o social, dado por la incapacidad de lograr para sí y para su pareja sana y armónica alguna de las instancias del coito con una frecuencia habitual concertada y gratificante.

Cuando esa asunción de pautas no existe por uno o por ambos miembros de la pareja toda anomalía entre ellas la disfunción eréctil debe ser diagnosticada sexológicamente como incompatibilidad o inadecuación y no como una disfunción eréctil. No se puede exigir respuesta a un hombre colocado frente a situaciones inaceptables para sus pautas culturales o las de su pareja.

La relación interpersonal que implica el acto sexual se da entre dos personas asumidas como personalidades totales, no como un objeto de uso pasivo para satisfacción de una de las partes sino, en interacción activa y generosa.

La imposibilidad del logro por parte del hombre puede hallarse en cualquiera, en algunas o en todas las instancias del coito. Las instancias suceden en el nivel fisiobiologico-instintivo, psicológico-vivencial y vivencial-social.

Existe una sobrevaloración de la sexualidad, la necesidad de restaurar la imagen sexual ante la pareja apreciada.

La disfunción eréctil es uno de los principales motivos de consulta, tiene una gran carga afectiva: "Prefiero morirme antes de no poder tener una erección".

"Vejez e impotencia son sinónimas". Disfunción eréctil y vejez no son sinónimos, ni siquiera van de la mano directamente. Resulta que muchas veces las personas mayores, sobre todo por no tener hábitos saludables de vida, presentan diferentes enfermedades; las cuales pueden provocar disfunción eréctil (por sí mismas y/o por medicamentos para controlar dichas patologías).

Cuando hablamos de hábitos saludables nos referimos a los cuatro pilares para vivir más y mejor, que son los siguientes: alimentación sana; ejercicio físico; control del estrés y vida sexual satisfactoria (éste último se agregó recientemente).

Generalmente las causas de dicha disfunción son orgánicas (sobre todo si se es mayor de 40, 45 años) o mixtas (en la mayoría de los casos) ya que es común y lógico que la disfunción afecte la esfera emocional.

En hombres jóvenes y sanos generalmente la causa es psicológica y tiene que ver con la ansiedad anticipatoria, el temor al desempeño y el miedo al fracaso, principalmente cuando se trata de parejas no consolidadas y con la auto exigencia de realizar una "buena performance".

Las causas orgánicas más comunes son: las secundarias a diabetes mellitus, el consumo de ciertos fármacos y las alteraciones de los vasos sanguíneos. También la adicción al cigarrillo, el consumo de alcohol y de determinadas drogas (como la cocaína) actúan de forma negativa sobre la erección.

Luego existen afecciones genéticas y congénitas; urológicas; endocrinas y neurológicas.

Cabe destacar que, mediante una investigación científica, se pudo descubrir que si un hombre de más de 40,45 años comienza a padecer de una disfunción eréctil, la misma puede estar prediciendo un posible infarto en dos años aprox. Por lo tanto es importante que ante la aparición de esta disfunción se consulte a un profesional, para poder así prevenir dicho ataque. Se debe aclarar, para no alarmar, que cuando hablamos de disfunción no nos estamos refiriendo a un hecho aislado sino a episodios repetidos y continuos en un lapso de tiempo.

En el caso del varón existe una relación directa entre el estado de salud y la disfunción eréctil, ya que son varios los órganos y sistemas que deben funcionar correctamente para que se produzca una erección.

Si bien el paso del tiempo no afecta la respuesta sexual, cabe destacar que si se producen algunos cambios; como ser que no se alcance la erección en un cien por ciento (si se la compara con la de un varón joven) y que la cantidad de semen se vea reducida.

Cabe mencionar que en el hombre el punto máximo de testosterona (hormona encargada de la respuesta sexual) se produce a los 18 años, luego comienza a descender. Si el valor de la testosterona basal es menor al que se espera para la edad, se está ante un hipogonadismo.

Hoy en día, en el varón, se reconoce que la función reproductiva del testículo experimenta una caída con los años pero en el hombre este decaimiento es gradual y lento.
Ante inhibición del deseo sexual, pérdida de masa muscular y de densidad ósea, tendencia a fatiga o a depresión e irritabilidad, pérdida de memoria y capacidad intelectual, se puede estar frente a un Hipogonadismo de inicio tardío (HIT) que tiene que ser diagnosticado y tratado. El HIT es el deterioro progresivo general y de la función sexual del hombre que sucede a partir de los cincuenta años aprox. y que por analogía con el climaterio en las mujeres se le ha adjudicado el nombre también de climaterio masculino. Dicho Hipogonadismo se caracteriza por presentar disfunción eréctil de mantenimiento, disminución de erecciones espontáneas, orgasmos menos intensos de menor duración y la extensión del período refractario para una siguiente erección después del coito. Además se caracteriza por agresividad, rencor, arrepentimiento, impaciencia, ansiedad, disminución de las demostraciones de afecto, impenetrabilidad, sensación, refugio en práctica de deportes excesiva, exigencia en el vínculo excesiva con los integrantes de su familia y desconfianza. Todo esto seguido de un comportamiento desafiante y demandante.
El HIT aparece asociado al estrés, el EPOC, a la insuficiencia renal crónica y a las carencias de vitaminas (zinc) y minerales.

"La operación de próstata siempre provoca impotencia". Frente a la prostatectomia, en el hombre, aparecen ciertos temores. Actualmente sabemos que el adulto mayor tiene que someterse a la operación prostática con mayor confianza de recuperar la potencia sexual que de perderla. Lo que se pierde es la eyaculación pero no la erección ni el orgasmo. Es un mito que "los ancianos no tienen relaciones sexuales".

Pueden presentarse efectos secundarios a la operación de próstata, en lo que tiene que ver con la sexualidad, lo cual provoca inseguridad en el hombre y también en la mujer.

Una de las consecuencias puede ser disfunción eréctil o erecciones menos rígidas, sobre todo si la cirugía es radical; si la operación es a través del pene o con láser generalmente no provoca dicho problema.

Luego de quitar la próstata la eyaculación no es más externa, el semen va a regresar por la uretra a la vejiga.

Cabe mencionar que el orgasmo se siente igual e incluso mejor. Al no haber necesidad de eyacular, el varón, puede controlar mejor el orgasmo.

"La testosterona cura todos los males sexuales del varón". La Testosterona es la hormona de la libido para ambos sexos, es por excelencia un básico afrodisíaco. Previo a la indicación y a la toma se deben llevar a cabo ciertos procedimientos para descartar un carcinoma o adenoma de próstata, así como se debe indicar con precaución en caso de cardiopatía o hipertensión arterial.

A las mujeres se les puede indicar dosis pequeñas, con la advertencia de que la virilizacion adquirida por este fármaco es definitiva. También se la indica buscando el efecto "rebote", ya que los testículos cuando se inyectan hormonas del tipo de la testosterona entran en reposo y después que finaliza su acción se produce un aumento de producción.

La testosterona ha sido utilizada abusivamente por personas que se auto medican, farmacéuticos y médicos. Dichos abusos pueden llegar a provocar una "castración química" o una anulación definitiva de la función hormonal del testículo.

Cuando existe una baja de esta hormona en sangre los efectos del consumo son muy buenos pero en casos donde el problema sexual no es hormonal no. También hay que conocer los riesgos antes del consumo.

La hormonoterapia debe ser indicada siempre por un médico.

32- Proerectogenos

"El Viagra afecta el corazón". El Citrato de sildenafilo (vendido bajo la marca "Viagra", entre otras) es un fármaco que se usa para el tratamiento de la disfunción eréctil y la hipertensión arterial pulmonar (HPP). El mismo regulariza el flujo de sangre en el pene. Desde 1998, que está disponible, el sildenafilo es el tratamiento principal para la disfunción eréctil. Cabe destacar que sin deseo sexual, dichos fármacos no producen una erección. Aquí se está frente a una especie de confusión provocada por "el boca en boca". En primer lugar dicho medicamento debe ser recetado por un médico o médico sexólogo. Este fármaco permite la afluencia de sangre si se tiene deseo y en el momento que se está estimulado sexualmente, sino no funciona. El "Viagra" es un vasodilatador. Es de suma importancia resaltar que hay hombres que no pueden tomar citrato de sildenafil y son los que están tratados con nitritos para la angina de pecho o el infarto de corazón. Cabe mencionar que tampoco pueden tomar sildenafil (ni ningún otro proerectogeno) los pacientes con VIH, ya que disminuyen el efecto de la medicación con la que se trata el virus.

Actualmente contamos además con el tadalafilo (vendido comúnmente bajo la marca "Talis", entre otras). Dicho fármaco es también un proerectogeno pero de larga duración, es recomendado en parejas (cuando existe disfunción eréctil) para mantener la espontaneidad. Es llamado popularmente: "La droga del fin de semana". En muchos casos se indica tomarlo en bajas dosis todos los días. Dichas sustancias pueden llegar tener efectos fatales si se mezclan con alcohol u otras drogas.

Si se sufre del corazón hay que renunciar al sexo. Falso. Las personas de bajo riesgo pueden reanudar la actividad sexual sin inconveniente, las de riesgo intermedio necesitan una reevaluación vascular y re estratificación, mientras que las de riesgo alto deben suspender la actividad sexual hasta estabilizar la alteración cardíaca. En todos los casos debe haber un seguimiento clínico y paraclínico apropiado. La persona y su pareja (en caso de tenerla) deben ser informadas por el equipo médico tratante sobre las precisas precauciones para llevar a cabo la actividad sexual. Existen posturas coitales que demandan menos esfuerzo físico, por ejemplo: el varón abajo y la mujer arriba pero no hay una sugerencia especial hoy en día, la postura más apta es la más cómoda para ambos. Se recomienda evadir ambientes con muy altas temperaturas, ya que acrecientan el esfuerzo que se requiere. No es conveniente mantener relaciones sexuales luego de un gran consumo de alcohol o una comida excesiva, es recomendable esperar aprox. cuatro horas tras mencionados acontecimientos. La persona posteriormente a un infarto agudo de miocardio, y en muchos casos sus parejas, manifiestan un "miedo" que les imposibilita volver a la actividad sexual; inclusive cuando no se presenta disfunción eréctil. Si al problema cardíaco se le suma un problema de erección que requiere tratamiento con fármacos, las resistencias de la pareja para reanudar una vida sexual coital satisfactoria van a ser todavía mayores. Para lograr ganarle a dichas resistencias disponemos de las técnicas de terapia sexual. Se recomienda un abordaje multidisciplinario, ya que las causas generalmente son multifactoriales.

33- Asexualidad

"Todos los individuos son seres sexuados". El 1% de la población aproximadamente se identifica como asexual y se presenta en la misma proporción en hombres y mujeres. Estas personas son sujetos física y psicológicamente saludables que sienten bajo o nulo deseo sexual. Por ende no sienten atracción sexual por ningún semejante. Esto no imposibilita que mantengan relaciones afectivas, incluso algunos de ellos llegan a tener una relación de pareja con otros seres asexuales. Los individuos asexuales en general experimentaron su primera interacción sexual a una edad más avanzada en comparación con los seres sexuados y a lo largo de su vida tienen menos parejas. Un estudio reveló además que las mujeres asexuales difieren de las sexuales en parámetros como edad, peso, raza, edad de la menarca, educación, nivel socioeconómico y religiosidad.

Mientras que la asexualidad en varones se pronostica por el peso, el nivel socioeconómico, la educación y la religiosidad. La falta de interés por el sexo no parece provocarles alguna importante alteración psicológica. Tanto los hombres como las mujeres asexuales en algún momento de su vida especialmente durante la adolescencia sintieron la curiosidad por las relacionas sexuales pero esta práctica no les resultó satisfactoria. De hecho, muchos individuos asexuales se encuentran casados y manifiestan mantener relaciones sexuales sólo por complacer a su pareja. Sin embargo, a los hombres asexuales la masturbación les es placentera y no tienen problemas de erección. Con respecto al sexo femenino se reportó que las mujeres asexuales, al igual que las sexuales, responden con un aumento en la congestión genital en respuesta a los estímulos eróticos audiovisuales y la masturbación suele ser satisfactoria. Esto es una muestra de que experimentan un nivel de excitación genital normal. Aunque las mujeres asexuales reportaron una motivación y atracción menor por los vídeos eróticos. Los individuos asexuales no están interesados en la parte física de una relación, por lo tanto buscan el lado romántico de las relaciones. De esta forma las personas asexuales se pueden autocategorizar como homo-románticos, hetéro-románticos y bi-románticos. Los individuos asexuales atribuyen beneficios a su orientación, como ser el mantenerse apartados de los problemas comunes de las relaciones íntimas, como son reducir el riesgo de enfermedades de transmisión sexual y embarazos no deseados y sentir menos presión de encontrar una pareja y disponer de un tiempo libre mayor.

Algunos autores señalan que entre los principales inconvenientes de la asexualidad se encuentran dificultades para establecer con alguien relaciones íntimas no sexuales, necesidad de determinar cuáles son las cusas que generan la asexualidad, la percepción negativa de la gente hacia la asexualidad y perderse los efectos positivos del sexo. Hoy en día se han creado sociedades de asexuales, entre ellas: la Red de Educación y Visibilidad de la Asexualidad (Asexuality Visibility and Education Network, AVEN), fundada en 2005. Esta es una red social que se enfoca en informar sobre la asexualidad y es un medio para conocerse con el objetivo de conseguir una pareja emocional estable. Las bases biológicas de la asexualidad no se conocen, aunque la misma estaría determinada por distintos factores biológicos (bases genéticas, hormonales, estructura cerebral) y psicosociales.

La asexualidad es una dimensión de la sexualidad que en el humano se está comenzando a estudiar de manera sistemática, más allá de que haya estado presente desde hace muchos años.

Se cree que el investigar las bases biológicas y psicológicas de la asexualidad representa un campo de estudio amplio que nos permitirá comprender de manera más adecuada este constructo tan complejo.

Partimos de la base de que los seres humanos son seres sexuados. Sin embargo existen casos de personas adultas que manifiestan no sentirse atraídas por ninguno de los dos sexos e incluso no haber mantenido nunca relaciones sexuales. Generalmente su iniciación sexual es tardía y mantienen una vida sexual activa cuando forman parte de un vínculo de pareja amoroso. Es poco lo que se ha estudiado acerca de esta posible orientación sexual, lo que se sabe es que se trata de personas sanas a nivel físico y mental.

Asexualidad no es celibato, no haber conocido aun a la "persona indicada", un desorden o disfunción sexual, una aversión al sexo, un desequilibrio hormonal o el resultado de un trauma.

34- Diversidad sexual

Es un tema complejo.

El ser humano es un ser sexuado, partimos de esa base, nace con órganos sexuales. Cada persona vive esta condición de una manera particular; a esto le llamamos sexualidad: dimensión fundamental del ser humano.

Para comprender la diversidad sexual vamos a hablar de cuatro conceptos:

Sexo biológico: son las diferencias biológicas entre mujeres y varones determinadas por los cromosomas, las hormonas y los genitales. Hay personas que nacen con una anatomía sexual y reproductiva que no se ajustan con este enfoque binario.

Son personas que tienen características sexuales de mujer y varón en variable proporción. A estas personas se les llama: Intersexuales.

Identidad sexual: es como la persona se siente en relación a ella misma, si se identifica como mujer o como varón o como una mezcla de ambos. Puede coincidir o no con el sexo biológico. La mayor parte de los varones tienen pene pero algunos tienen vulva: los varones trans. La mayoría de las mujeres tienen vulva pero algunas tienen pene: las mujeres trans. Pero además hay otras maneras de sentir la propia identidad. Hay personas que no se posicionan ni como varón ni como mujer, ni como femenino ni como masculino.

Orientación sexual: es la atracción sexual, emocional y afectiva hacia otras personas.

Expresión de género: son los modos de expresar "feminidad" y/o "masculinidad" correspondiendo a las normas culturalmente preestablecidas en un determinado contexto socio-histórico (la manera de hablar, de actuar, de vestir, son distintas para el género masculino y femenino.

Pero el abanico es vasto. Digamos que no existen personas exclusivamente masculinas o femeninas. La mayoría tenemos gustos e intereses en diferente intensidad que se describen como masculinos o femeninos. La expresión no tiene por qué estar vinculada con el sexo bilógico, la identidad de género y la orientación sexual de la persona.

Si ser femenino o masculino son los extremos de una dimensión, en el medio se halla el género andrógino: personas que tienen rasgos de los dos géneros habitualmente de forma igualada.

"El varón homosexual es siempre afeminado y viceversa". Para quienes su orientación sexual es homosexual (persona que se siente atraída por otra del mismo sexo) es un valor la masculinidad. En una pareja los roles, en las relaciones sexuales, suelen intercambiarse. En el caso del hombre un gay es un varón que se siente hombre y le gustan los hombres. Cuando al "varón" le atraen los hombres pero se siente mujer, estamos hablando de una mujer transexual, transgenero. Lo mismo sucede en el caso de la "mujer" pero al revés. Popularmente se asocia a la homosexualidad masculina con la femineidad, ya que de no ser así un varón homosexual puede llegar a ser visto como heterosexual. En las mujeres también sucede lo mismo, aunque existen lesbianas que nos son varoniles y viceversa. Cabe mencionar que hay quienes sostienen que la persona que fantasea sexualmente (de manera recurrente, como único medio para excitarse) con otra del mismo sexo es homosexual, éstos consideran la fantasía como un acto en sí mismo. Que un hombre sea afeminado, delicado o que una mujer sea masculina puede estar asociado a la forma en que lo/a criaron o a pertenecer a un hogar en donde prevalecía el sexo opuesto en los integrantes de la familia.

"La falta de uso atrofia el pene". Un órgano no se atrofia pero la escasez de vida sexual activa provoca a nivel psicológico y orgánico inesperadas reacciones. Si aún se tiene deseo la sensibilidad se mantiene. En el caso de la mujer la penetración puede provocar molestias que desaparecen a medida que crece la lubricación vaginal (fase de excitación). Respecto al orgasmo al no haber actividad sexual por un tiempo prolongado la ansiedad anticipatoria, el temor al desempeño e inclusive el desear mucho el orgasmo pueden hacer que los primeros intentos sean fallidos; lo cual no quiere decir que se produzca una anorgasmia. Lo que hay que hacer es disfrutar el momento, comunicar a la pareja lo que ocurre y lo que no y con su comprensión, colaboración y complicidad lograr una sexualidad satisfactoria.

"Existen más hombres bisexuales que mujeres". No es que existan más hombres bisexuales que mujeres sino que quizá por una cuestión sociocultural el varón manifieste su condición sexual de una manera más explícita. Aunque en los últimos años esto ha ido cambiando e incluso hoy en día puede que suceda al revés dada la necesidad de manifestación, expresión, reivindicación y empoderamiento de la mujer.

Con respecto a la Ley integral para personas trans Nº 19684, entendemos que la misma garantiza los Derechos de un sector de la población al cual dichos Derechos han sido vulnerados siempre.

Como miembro de una sociedad científica dedicada a la Educación Sexual, a la Sexología Clinica y al estudio e investigación de las Sexualidades Humanas desde un marco de Derechos, Diversidad y Generaciones, creo también importante decir que en la actualidad a lo que llamamos determinismo biológico está en tela de juicio, y que la incesante referencia a dicho determinismo no sea nuevamente pensada para deslegitimar el derecho a ser de todas las personas.

La transexualidad y las identidades no binarias no son un invento actual. La novedad es el marco legal para garantizar el pleno ejercicio de Derechos que han sido quebrantados. Dicha ley contempla el derecho a la salud, a la educación, al trabajo e indemnizar a un sector de la población por el daño generado por la discriminación y el abuso.

A modo de cierre-reflexión, en síntesis, me atrevo a decir que afortunadamente en los últimos años debido al trabajo, a la dedicación, al profesionalismo y a la pasión que nos moviliza, hemos avanzado notablemente en lo que refiere a la Sexología; como también a otras disciplinas.

Enhorabuena desterrando algunos prejuicios nos hemos formado, hemos estudiado, basándonos en la experiencia, en los hechos concretos, investigando a nivel científico y por supuesto lo seguimos haciendo, ya que se trata de una tarea continua y una formación permanente.

Quisiera poner énfasis, es pertinente, en el tema de la homosexualidad y la transexualidad. A modo de ejemplo y disparador voy a citar la historia real de la pintora danesa Lili Elbe, la primera mujer transgenero en someterse a una cirugía de reasignación de sexo; a comienzos del siglo veinte. En dicha época (cercana para algunos, lejana para otros) la transexualidad y la homosexualidad eran consideradas como enfermedades mentales graves y por lo tanto tratadas como tal, llevándose a cabo prácticas erróneas, aberrantes e indignantes, las cuales provocaban un gran sufrimiento (a nivel físico y emocional), miedo y desconcierto. Al transexual, al homesexual se lo consideraba un anormal, más allá de la apertura mental de algunos pocos, la valentía, la convicción, el apoyo, la sensibilidad y el amor incondicional.

En relación a esta temática, como a tantas otras, que se ha avanzado no cabe duda y que aún queda camino por el que debemos avanzar tampoco.

Es un compromiso de tod@s.

GRACIAS.-

vanesam@vera.com.uy

…por darle vida a un libro

…por enseñarme el camino

…por siempre y nunca creer en mí (por su arte)

…por su generosidad y algún que otro pellizco

BIBLIOGRAFIA CONSULTADA

- Cabello F "Manual de sexología y terapia sexual", Editorial Síntesis, Madrid.
- Campos Gonzáles O; Rojas Villanueva C "Cultura y sexo. Feminismo y machismo". http://www.monografias.com/trabajos68/cultura-sexo-feminismo-machismo/cultura-sexo-feminismo-machismo3.shtml
- Caro Berta A "Erotismo y Pornografía ¿Cuál es el límite?", SUS, Montevideo.
- Caro Berta A "Menopausia: el renacer de la sexualidad", SUS, Montevideo.
- Cedres S "El vínculo afectivo-sexual durante el embarazo y puerperio", SUS, Montevideo.
- Cedres S "Variante en la frecuencia de funcionamiento sexual: La Hipersexualidad", SUS, Montevideo.
- Cedres S "Marihuana y Sexualidad: Los efectos del consumo sobre la Respuesta Sexual". http://www.susuruguay.org/index.php/articulos/85-marihuana-y-sexualidad-los-efectos-del-consumo-sobre-la-respuesta-sexual
- Cedres S ", SUS, Montevideo.
- De Dios Blanco E, Pérez N y Batista A "Alcohol contra sexualidad. Aspectos biológicos y psicosociales en el consumo agudo, a largo plazo y prenatal". Rev. Hosp. Psiquiátrico de la Habana 2011,8(1). Parafilias y alcohol-Infidelidad http://www.revistahph.sld.cu/hph0111/hph10111.html
- Flores Colombino A "¿Cómo diagnosticar y tratar los desórdenes de la eyaculación precoz?", SUS-FLASSES –IUCS.
- Flores Colombino A (1978) "Patología y clínica de la impotencia sexual", Paidos; Buenos Aires.
- Flores Colombino A (1988) "Sexología de la reproducción", Dismar; Montevideo.
- Flores Colombino A (1990) "Respuesta sexual", Dismar; Montevideo.
- Flores Colombino A (1990) "La nueva revolución sexual", Dismar; Montevideo.
- Flores Colombino A (1991) "El futuro de la sexualidad", Dismar; Montevideo.

- Flores Colombino A (1992) "Sexo Sexualidad y Sexología", Dismar; Montevideo.
- Flores Colombino A (1998) "La Sexualidad en el Adulto Mayor", Lumen-Hvmanitas; Buenos Aires.
- Flores Colombino A (2002) "Sexología del matrimonio", A & M; Montevideo.
- Flores Colombino A (2002) "Parafilias y Variantes sexuales", A & M; Montevideo.
- Flores Colombino A (2003) "El lenguaje sexual", A & M; Montevideo.
- Flores Colombino A (2007) "Educación sexual), A & M; Montevideo.
- Joubanoba M (2013) "GPS sexual, manual instructivo para hombres", Escafandra; Montevideo.
- Martinez Peña V (2015) "Hablemos de Asexualidad", SUS.
- Michoelsson G (2012) "Sexo a la uruguaya", B Uruguay S.A.; Montevideo.
- Moral de la Rubia J "Religión, significados y actitudes hacia la sexualidad: un enfoque psicosocial". Universidad Autónoma de Nuevo León, México. Revista colombiana de Psicología. Vol. 19 n.º 1. Enero-junio 2010 issn 0121-5469 Bogotá Colombia.
- Sapetti A extractado de "Los varones que saben amar", Editorial Galerna. http://www.sexovida.com/educacion/posiciones.htm

Printed by Books on Demand GmbH, Norderstedt / Germany